Zadkiel

La gramática de la astrología

Contiene todo lo necesario
para calcular una carta astral

EDICIONES OBELISCO

Si este libro le ha interesado y desea que le mantengamos informado de nuestras publicaciones, escríbanos indicándonos qué temas son de su interés (Astrología, Autoayuda, Ciencias Ocultas, Artes Marciales, Naturismo, Espiritualidad, Tradición...) y gustosamente le complaceremos.

Puede consultar nuestro catálogo en www.edicionesobelisco.com

Colección Astrología
LA GRAMÁTICA DE LA ASTROLOGÍA
Zadkiel

1ª edición: julio de 2006
2ª edición: julio de 2007

Título original: *The Grammar of Astrology*

Traducción: *Amalia Peradejordi*
Maquetación: *Natàlia Campillo*
Corrección: *Aurèlia Vigil*
Diseño de cubierta: *Enrique Iborra*

© 2006, Ediciones Obelisco, S.L.
(Reservados los derechos para la presente edición)

Edita: Ediciones Obelisco S.L.
Pere IV, 78 (Edif. Pedro IV) 3ª planta 5ª puerta.
08005 Barcelona - España
Tel. 93 309 85 25 - Fax 93 309 85 23
E-mail: obelisco@edicionesobelisco.com

Paracas 59   Buenos Aires
C1275AFA   República Argentina
Tel. (541 -14) 305 06 33   Fax (541 -14) 304 78 20

ISBN: 978-84-9777-300-3
Depósito Legal: B-39.950-2007

Printed in Spain

Impreso en España en los talleres gráficos de Romanyà/Valls S.A.
Verdaguer, 1 - 08786 Capellades (Barcelona)

Reservados todos los derechos. Ninguna parte de esta publicación, incluso el diseño de la cubierta, puede ser reproducida, almacenada, transmitida o utilizada en manera alguna por ningún medio, ya sea electrónico, químico, mecánico, óptico, de grabación o electrográfico, sin el previo consentimiento por escrito del editor.

Dedicado a la Universidad de Cambridge.

Abreviaciones

A.D.	ascensión directa.
Asc.	ascendente
M.C.	*Medium Coeli*, o medio cielo
Dist. Mer.	Distancia al meridiano
S.	aspecto de semicuadratura, 45°
SS.	aspecto de sesquicuadratura, 135°

Dedicatoria

A LA UNIVERSIDAD DE CAMBRIDGE, el centro de aprendizaje matemático y filosófico donde la verdad jamás ha sido velada a causa de prejuicios, ni desfigurada por la ignorancia, este pequeño esfuerzo a la hora de abrir un camino a la investigación matemática de la filosofía elemental de Platón y Aristóteles, tal y como nos la enseñara el «divino» Claudio Ptolomeo, está respetuosamente dedicado (en agradecido reconocimiento a la atención prestada al examen de esta ciencia por varios de los miembros de su instruido cuerpo, desde que se imprimiese la primera edición).

Por vuestro más respetuoso servidor:

ZADKIEL

Prólogo a la segunda edición

La falta de tiempo, junto con toda una serie de circunstancias particulares, me habían impedido hasta ahora preparar una nueva edición de esta obra que, durante algún tiempo, estuvo muy solicitada por el público. La venta de una edición mayor, sin intentar reforzar su reputación por medio de supuestas reseñas (que a menudo no son más que simples anuncios disimulados) ha demostrado con creces la aprobación del público, la cual está centrada en el tema que contiene, y esta extensiva búsqueda ha ido progresando en todas aquellas doctrinas similares a ésta. Y estoy convencido de que, como la anterior edición fue el medio de preparar a centenares de astrólogos prácticos, tanto en este país como en América, algunos de los cuales podemos encontrarlos en las universidades de ambos países, creo firmemente que la verdad seguirá progresando por medio de la presente obra.

En esta edición, he intentado resumir algunos puntos de menor importancia, al tiempo que he añadido mucho más material interesante para aquellos amantes de la verdad que pudieran desear profundizar en la ciencia de la astrología en cuanto se refiere a la doctrina de las natividades.

Por lo que respecta a los enemigos de la investigación, no voy a malgastar ni una sola palabra con ellos; porque, afortunadamente, sus espíritus se despertarán y no siempre permanecerán dormidos. Podrán ponerle trabas si así lo desean, pero nunca conseguirán «mantenerla en cautiverio»; las leyes de la naturaleza jamás podrán ser destruidas; y, mientras el estudiante pueda seguir avanzando en sus conocimientos gracias a este pequeño libro y consiga probar por sí mismo la demostración de los *hechos* de la verdadera concordancia de esas leyes con los principios de las influencias astrales, podrá sonreír ante los impotentes esfuerzos del fanatismo y de la ignorancia.

Esto puede añadirse a la reserva de la verdadera ciencia y, por ello, el que este libro sea leído en honor de Dios y del beneficio de la humanidad, es el ferviente deseo del AUTOR.

Introducción

No pretendo entrar aquí en ninguna discusión para demostrar la antigüedad de la ciencia de las estrellas: para mi presente objetivo (que es el de enseñar el simple perfil del arte, y que el estudiante pueda ir completándolo de acuerdo con sus inclinaciones) baste con asegurar que la astrología ya existía varios siglos antes de la era cristiana, en cuya época parecía haber sido enseñada mayoritariamente por la tradición, siendo transmitida de padres a hijos a través de la palabra hablada, tal y como ocurre actualmente con el arte de la quiromancia entre los gitanos. No existe ni una sola evidencia fiable de ningún sistema perfecto de astrología, ya que ésta se ha visto reducida a las reglas escritas, dependiendo de los principios matemáticos, antes del primer siglo; aunque sir Isaac Newton admitía en su *Cronología* que ya existía unos novecientos años antes de este período. En alguna parte, alrededor del año 133, este célebre astrónomo, geógrafo y astrólogo, Claudio Ptolomeo, recopiló su notable obra titulada *Tetrabiblos*, que se componía de cuatro libros que trataban sobre la influencia de las Estrellas».[1] En esta obra recopiló todo lo que debió haber considerado importante en cuanto a lo que se conocía en aquel entonces sobre la ciencia; pero, dado que Ptolomeo no se dedicó por completo a este estudio, el cual, sin embargo, hubiese requerido todo el tiempo de la vida de cualquier hombre con el fin de llegar a profundizar en él y a dominar totalmente la materia, suponemos honestamente que algunas de las reglas menos importantes no las comprobó, personalmente, sino que simplemente fueron adoptadas como opiniones generalizadas del momento. A pesar de que algunas de estas pocas doctrinas puedan resultar erróneas, la gran mayoría de ellas son de carácter verdadero y, si se comprenden correctamente, jamás habrán fallado y nunca podrán llegar a fallar mientras el sistema del universo siga permaneciendo inalterable.

Los principios de la doctrina de Ptolomeo no parecen haber sido demasiado bien comprendidos ni haber estado exentos de las supersticiosas necedades de los escritores árabes, antes de los años 1647 a 1657, cuando Placidus de Titus, un monje español, publicó por primera vez el verdadero sistema de la astrología, basado en los cálculos matemáticos de Ptolomeo. Su obra principal se imprimió en latín y se llamó *Primum Mobile,* o Primer Inspirador.[2] Resulta sorprendente que las únicas obras posteriores dignas de algún valor sobre esta parte de la astrología realmente importante, es decir, las natividades, fuesen escritas por un inglés, el señor Partridge, cuyo Almanaque todavía existe en la actualidad. No cabe duda de que sus obras, el *Opus Reformatum* y el *Defectio Geniturarum,* se basan en Placidus, pero están lle-

1. Traducido por J. M. Ashmand.
2. Traducido por J. Cooper.

nas de las más sólidas doctrinas y contienen numerosos ejemplos.

No apareció ninguna traducción de Placidus al inglés que pudiera ser considerada aceptable hasta la que John Cooper realizó en 1816; tampoco apareció ninguna copia correcta del libro de Ptolomeo del que se deriva originalmente todo cuanto conocemos por el momento sobre la astrología hasta el año 1822, en que apareció la excelente obra del señor Ashmand. Las antiguas traducciones de Ptolomeo y Placidus, especialmente las del doctor Sibly, resultan detestables, y han llegado a confundir a un sinfín de astrólogos y perjudicado muchísimo a esta ciencia. Todos los representantes ingleses de la astrología tales como Lilly, Colley, Sibly, Gadbury, White... [3] cometieron algunos errores al tratar con las natividades: se dejaron guiar por los disparates de los astrólogos árabes, consistentes en mezclar los sistemas de adivinación, es decir, la astrología horaria con el arte genetlíaco, o la ciencia de las natividades, y quienquiera que lea una de sus obras, lo único que hará será perder el tiempo.

En resumen, no existe ninguna obra elemental, breve y asequible sobre esta ciencia, exceptuando ésta de *La gramática de la astrología*. No contiene nada que no haya sido fundado en la verdadera experiencia.

La ciencia de la astrología consiste en cuatro ramas, o partes distintas, esencialmente diferentes unas de otras; éstas son:
1. *Natividades,* o el arte de prever a través del mapa de los cielos, levantado en el momento del nacimiento, tanto el destino futuro como el carácter de los individuos;

3. Exceptuando a Partridge.

2. *Astrología mundana,* o el arte de prever, por medio de la posición de los cuerpos pesados durante ciertos períodos, las circunstancias de las naciones, tales como las guerras, la peste, las inundaciones, los terremotos, etc.
3. *Astrología atmosférica,* o el arte de prever, a través de la posición de los planetas durante los períodos en los que el Sol y la Luna están en aspecto mutuo, además de otra serie de circunstancias, las características del tiempo en cualquier momento o lugar determinado;
4. *Astrología horaria,* o el arte de prever, a través de la posición de los planetas en el cielo en cualquier período, cuándo un individuo puede estar preocupado con respecto a algún proyecto o asunto, así como por el *resultado* de algún negocio en particular.

La gramática de la astrología pretende enseñar los principios de la ciencia de las natividades y convertirlos en algo realmente sencillo, despojándolos de todas las supercherías con las que los intrigantes y los ignorantes nos los han presentado; aquellas personas normalmente interesadas en estos temas y con tendencia a participar en ellos, podrán examinar y decidir por sí mismas si existe o no alguna verdad en la astrología. Para quienes consideren que es suficiente creer en ello sin ningún tipo de examen previo, simplemente porque otros ya lo decidieron antes, no les recomiendo esta obra, puesto que todavía no se ha arrojado el guante de los argumentos. Pero, para aquellos que piensan que la experiencia es una guía, incluso más útil que la razón, en la filosofía natural, les resultará particularmente aceptable, puesto que aquí encontrarán las reglas más breves posibles y los mejores principios para juzgar, los cuales ya habían aparecido antes que el mundo, ya que el autor ha sido capaz de formarse una opinión gracias a sus muchos años de experiencia y al examen de cientos de natividades.

Por este motivo, la verdad debe ser apoyada, tanto sea por medio de las demostraciones públicas de las pruebas de los experimentos de las doctrinas astrológicas, como a través de la convicción de una extensa y honrada parte de la humanidad que considera que el Todopoderoso elige los cuerpos celestes como los instrumentos de su voluntad a fin de provocar los propósitos de la Providencia. En ambos casos, esta pequeña obra soportará muy bien el sarcasmo de los críticos, cuyo orgullo no admitirá que «existen más cosas en el cielo y en la tierra de las que pueda llegar a soñar su filosofía».

Con una perfecta, pero humilde confianza, en la pureza de sus intenciones por esforzarse en promocionar la astrología, el autor puede contemplar con absoluta calma la amargura del abuso de algunos hombres que se consideran a sí mismos filósofos por excelencia, puesto que ha podido comprobar por la constante venta de la primera edición de este libro, y otras numerosas publicaciones similares que él mismo ha comprado antes que el público, que serán muchas las personas que se elevarán sobre los prejuicios y optarán por comprobarlo todo con sus propios ojos.

Nota. A aquellos que quieran seguir investigando en esta ciencia, les recomiendo el *Tetrabiblos* de Ptolomeo y el *Primum Mobile* de Placidus, pero les aconsejo que eviten las traducciones de Whalley y de Sibly. Las mejores ediciones son las traducidas por Ashmand y Cooper.

La gramática de la astrología

Libro I

El alfabeto

Éste consiste en doce caracteres o símbolos, los cuales representan a los doce *signos del zodíaco*. Éstos son:

SEPTENTRIONALES		MERIDIONALES	
♈ Aries	♋ Cáncer	♎ Libra	♑ Capricornio
♉ Tauro	♌ Leo	♏ Escorpio	♒ Acuario
♊ Géminis	♍ Virgo	♐ Sagitario	♓ Piscis

También consta de otros ocho símbolos que son los que representan a los *planetas*; éstos son los siguientes:

♅ Urano	☉ el Sol	♂ Marte	☽ la Luna
♄ Saturno	♀ Venus	♃ Júpiter	☿ Mercurio

Así como de otros cinco símbolos que son los que representan los *aspectos,* o posiciones en las que se encuentran estos planetas entre ellos; éstos son:

☌ *Conjunción,* o cuando los dos planetas están situados en el mismo grado.

⚹ *Sextil,* o cuando están situados a 60° (dos signos de separación).

☐ *Cuadratura,* o cuando están situados a 90° (tres signos de separación).
△ *Trígono,* o cuando están situados a 120° (cuatro signos de separación).
☍ *Oposición,* o cuando están situados a 180° (seis signos de separación).

Nota: También existen otros; son los llamados «*nuevos aspectos*»; fueron descubiertos por el gran Kepler, uno de los astrólogos más inteligentes de la era moderna. Éstos son los siguientes: el *semisextil,* o 30° de separación; la *semicuadratura,* o 45° de separación; la *sesquicuadratura,* o 135° de separación, el *quintil,* o 72° de separación, y el *biquintil,* o 144°. El poder que pueda atribuirse a estos nuevos aspectos no es tan fuerte como el de los antiguos. Los nodos de la Luna se hallan representados de la siguiente forma: ☊ norte, ☋ sur. Y, finalmente, existe otro carácter o símbolo denominado la *rueda de la fortuna:* ⊕.

El principiante deberá practicar trazando estos símbolos o caracteres y aprender a conocer muy bien los signos opuestos entre sí.

Los signos del zodíaco

Éstos se pueden dividir entre los signos que están situados en el *norte* y los que están situados en el *sur.* Los seis primeros signos, los que van desde *Aries* hasta *Virgo,* son *septentrionales;* mientras que los seis últimos, es decir, los que van desde *Libra* hasta *Piscis,* son *meridionales.* Esto se debe a que tanto el Sol como los planetas que están en uno de estos seis primeros signos se hallan situados al norte del ecuador, mientras que, cuando están situados en uno de estos seis últimos signos, es porque están al sur de esta línea. Cuando el Sol está situado en un signo septentrional, está mucho más por *encima* de la Tierra que por debajo, y los días son más largos que las noches; pero, cuando está situado en un signo meridional, permanece más tiempo por *debajo* del horizonte que por encima, y entonces las noches son más largas que los días.

Está claro que, cuando un planeta ocupa un signo *septentrional,* permanece más tiempo por encima de la Tierra que por debajo; y viceversa, es decir, que cuando está situado en un signo meridional, permanece mucho más tiempo por debajo de la Tierra que por encima.

Cada punto del zodíaco sale y se pone cada veinticuatro horas debido al movimiento giratorio efectuado diariamente por la Tierra sobre su propio eje; por ello, cada vez que uno de estos puntos está *saliendo,* es porque su opuesto se está *poniendo.*

Puesto que el zodíaco cuenta con 360 grados, desde el *primer* punto de Aries hasta volver de nuevo a este mismo punto, y dado que estos 360 grados se hallan divididos en doce porciones o signos, podemos deducir que cada uno de ellos cuenta con treinta grados. Se ha podido observar que, en el momento del nacimiento de un individuo, siempre que uno de estos signos se levanta por el horizonte, éste le proporcionará una *cierta influencia,* tanto a nivel físico como de carácter. Sin embargo, no existe razón alguna para suponer que la influencia de Aries, o de cualquier otro signo, proceda únicamente de este signo, sino que lo más probable es que, cuando este signo se levanta por el horizonte, *todo el cielo* se confabula para producir unos *efectos determinados.* Esto también puede ser causado por la influencia de las lejanas estrellas de la Vía Láctea (esta brillante banda ancha que podemos observar en el cielo en una noche serena, formada por innumerables millones de estrellas, de las cuales se supone que forma parte nuestro Sol), así como por muchas otras causas. De hecho, Ptolomeo nos habla de estos efectos como de algo producido por el «ambiente», lo cual concierne al mapa del cielo en su totalidad y no sólo al signo ascendente.

Regla general para juzgar los efectos de cada signo[4]

Aries. Este signo suele proporcionar un cuerpo algo seco y delgado, de mediana estatura, de brazos fuertes, huesos anchos, cara alargada y delgada; mirada profunda, cuello bastante largo y estrecho, cejas oscuras, tez morena, cabello rojizo, hombros fuertes y anchos; predisposición colérica y violenta tal y como la del carnero.

Tauro. Persona de escasa estatura, más bien algo gruesa, pero de cuerpo bien proporcionado; de cara y ojos grandes, cuello ancho y labios carnosos, nariz y boca grandes, tez morena y resplandeciente; manos pequeñas, aunque anchas y fuertes; hombros anchos, cabello oscuro, áspero y generalmente rizado. Muy dado a los placeres de la buena mesa; algo insensible, aunque muy melancólico; le cuesta mucho enfadarse, pero cuando lo hace, puede llegar a enfurecerse tanto como un toro.

Géminis. Persona de estatura más bien alta; de cuerpo esbelto, ágil, bien formado y con un agradable modo de moverse; los brazos son largos, pero las manos y los

---

4. No deben confundirse con las constelaciones de los mismos nombres.

pies normalmente suelen ser pequeños y sensuales; cabello oscuro, ojos color avellana y con una mirada rápida, penetrante y algo juguetona. Si es una mujer, sus ojos serán muy hermosos, la constitución de su cuerpo fuerte y activa y su forma de andar rápida y elegante; persona dotada con una gran facilidad de comprensión y una poderosa imaginación. Se suele asegurar que este signo tiene una acusada tendencia a engendrar gemelos.[5]

Cáncer. Persona menuda, de baja estatura, pálida y de complexión enfermiza; cara redondeada (en forma de luna) y, normalmente, de rasgos pequeños; cabello castaño y pobre, ojos pequeños y grises; la parte superior del cuerpo suele ser más ancha que la inferior; constitución débil; si es una mujer, será fecunda. De naturaleza lenta y triste como la del cangrejo.

Leo. Persona noble y generosa; de estatura alta, fuerte y bien proporcionada; de hombros anchos y muy marcados; normalmente, el cabello suele ser rubio, abundante y ondulado o rizado. Ojos grandes y de mirada fija, aunque perspicaz, siempre y cuando no haya ningún planeta maléfico en el ascendente; semblante algo fiero, cabeza redonda y tez rojiza; paso firme y majestuoso; si el ☉ está en el ascendente, la apariencia será altiva, aunque de predisposición amable y liberal; la persona es de corazón noble y generoso, y tan valiente como el león.

---

5. Si ♄ o ♃ están ascendiendo, los hombros serán grandes y desgarbados.

Virgo. Persona de estatura mediana, pero con más tendencia a ser alta que baja; de figura delgada, pulcra y bien formada; cabello castaño oscuro; tez morena, agradable, pero no elegante; la cara suele ser más redonda que ovalada; el tono de voz acostumbra a ser bastante bajo y poco musical; la mente es ingeniosa y su conversación agradable; muy inclinado a los estudios, el sujeto siente grandes deseos de aprender, pero es inconstante y tímido como una virgen.

Libra. Persona alta, bien formada y con tendencia a ser delgada; de cabello fino, de color castaño claro o rubio; de cara redonda y agraciada, suele poseer una gran belleza y un cutis terso, pálido o sonrosado, pero con la edad tiende a tener granos o a adquirir un tono rojizo; por lo general, los ojos suelen ser azules y muy bonitos. Persona de principios y siempre equilibrada como la balanza.

Escorpio. Persona de mediana estatura, algo gruesa, pero fuerte, robusta y bien proporcionada; a veces suele tener la cara algo ancha y cuadrada; tez morena; cabello abundante, de color castaño oscuro y rizado; cuello ancho; piernas toscas y peludas, a menudo arqueadas, con los dedos del pie algo torcidos o con algún defecto; persona seria, pensativa y reservada, y con una forma de actuar y de engañar como la del escorpión.

Sagitario. Persona bien formada y bastante alta; de cuerpo fuerte y activo; su rostro es bastante alargado y atractivo, casi siempre suele tener una nariz recta, de tipo griego; ojos claros y bonitos; tez sana y rojiza; cabellos castaños, los cuales, normalmente, suelen salirle de las sienes; tiende a la calvicie; atrevido e intrépido, y gran amante de los caballos y de la caza.

Capricornio. Persona de baja estatura, delgada y mal formada; de rostro más bien seco y alargado, normalmente poco atractivo; barbilla alargada y puntiaguda, protuberante como la de una cabra; barba rala; cuello largo y pequeño; cabello negro y pobre. Estrecho de pecho; debilidad en las rodillas, piernas algo torcidas y deformadas; el nativo parece abalanzarse sobre los demás y darse cabezazos como una cabra cuando se le lleva la contraria; su mente es sutil e ingeniosa, pero tan caprichosa como la de una cabra.

Acuario. Persona corpulenta, bien proporcionada y atractiva; más bien alta, no en exceso, aunque sin llegar a ser baja; apariencia robusta, fuerte y saludable; el rostro acostumbra a ser bastante alargado y sensual; cuando ♄ se encuentra en el ascendente, los dientes suelen estar algo torcidos; el cutis suele ser muy terso y delicado, algo sanguíneo; ojos de color avellana; cabello de tono rubio rojizo o rubio oscuro. Este signo otorga más belleza que cualquier otro signo, a excepción del de Libra; carácter amable y benevolente; se dice que disfruta con el agua.

Piscis. Persona de baja estatura; la cara suele ser bastante ancha, pálida y sensual, y siempre algo regordeta, aunque a veces el cutis tiende a ser sanguíneo; si el ☉ se está levantando, el nativo tendrá un buen color; su forma de andar será algo lenta y pesada y con tendencia a bajar la cabeza mientras camina. Si es una mujer, tendrá la cara rellenita, y el cutis muy terso, aunque más bien pálido; tendrá el cabello oscuro y los hombros redondeados, a no ser que el ☉ se esté elevando; ojos soñadores; hombros redondos, brazos y piernas cortos y menuditos; casi siempre suele tener problemas en los pies; disposición indolente y demasiado inclinado a la bebida, al igual que los peces.

Advertencia. Estas descripciones pocas veces suelen manifestarse con total exactitud. Cualquier planeta que esté aspectando al ascendente influirá en el sujeto tanto a nivel físico como mental; y si hay algún planeta situado en el ascendente, éste imprimirá sus propias características con más fuerza. Si la cúspide del ascendente está situada a finales de un signo, resultará obvio que parte del ascendente se encontrará en el signo siguiente, por lo que el nativo se verá influenciado por ambos signos. Por ejemplo, una persona con la cúspide del ascendente situada a finales de Sagitario, pero ocupándole todo el signo de Capricornio, probablemente pueda tener un cabello bonito y una frente atractiva, pero el resto de la cara y del cuerpo extremadamente feos. La disposición también dependerá *en gran medida* de la posición de la Luna y de Mercurio.

La naturaleza de los planetas

Urano. Éste es el planeta más alejado del Sol y tarda 84 años en recorrer los doce signos del zodíaco. Con frecuencia suele estar retrógrado, ya que da la impresión de moverse en sentido inverso, aparentando retroceder en lugar de avanzar. Su diámetro, con relación al de nuestra Tierra, es de 4,332 a 1.

La naturaleza de Urano es extremadamente maléfica. Si se encuentra en el ascendente en el momento del nacimiento, hace que el sujeto posea un carácter excesivamente excéntrico y persiga unos objetivos realmente singulares y fuera de lo común; se tratará de una persona muy brusca en su forma de actuar y con tendencia a despreciar la rutina. Todo lo bueno que pueda llegar a conseguir cuando el planeta está bien situado o armónicamente aspectado, siempre será de forma repentina y muy poco habitual. Las personas cuyas mentes están influenciadas por este planeta suelen llevar una vida algo agitada, ser muy aficionadas a los viajes y muy dadas a experimentar extrañas vivencias. Se trata de personas muy románticas, con unas ideas realmente extraordinarias y bastante inclinadas al estudio de antigüedades aunque, al mismo tiempo, muy propensas a aportar muchas novedades.

Saturno. Éste es el planeta que está más cerca de Urano. Se halla muy alejado del Sol, y su masa sobrepasa casi 1.000 veces la de la Tierra. Tarda 29 años y medio en recorrer el zodíaco; su diámetro con relación al de la Tierra es de 9,987 a 1.

La naturaleza de Saturno es mucho más maléfica que la de Urano; se lo conoce como el Gran Maléfico y, sin duda alguna, es el principal causante (subordinado a la voluntad de la Providencia) de la mayor parte del sufrimiento humano. Si en el momento del nacimiento se encuentra situado en el ascendente o en el descendente, la persona sufrirá muchas enfermedades, será muy propensa a los golpes, a las magulladuras y a las caídas. Si el planeta está situado en el meridiano, o cerca de éste, ocasionará continuos problemas y desgracias; todos los asuntos del nativo tenderán a ir mal y, a no ser que existan importantes aspectos entre otros planetas para contrarrestar esta maléfica posición, el nativo se verá constantemente perseguido por la desgracia. Si el planeta se encuentra en la situación opuesta, es decir, cerca del meridiano del norte, o cúspide de la cuarta casa, sus efectos serán prácticamente igual de negativos. Las personas nacidas bajo esta influencia suelen ser nerviosas, miedosas, tímidas, cobardes, melancólicas y con mucha facilidad para deshacerse en lágrimas. Acostumbran a padecer enfermedades de tipo crónico y también son muy propensas a las enfermedades mentales. Son personas de carácter serio, algo rencorosas y muy reservadas; se mantienen firmes y obstinadas en sus opiniones, pero también son muy responsables con sus compromisos.

Júpiter. Éste es el planeta que más cerca está de Saturno en el sistema solar. Es el mayor de todos y su masa es casi 1.300 veces mayor que la de la Tierra. Tarda casi unos doce años en recorrer todo el zodíaco; su diámetro con relación al de la Tierra es de 10,86 a 1.

Su naturaleza es eminentemente benéfica; también se lo conoce como el Gran Benéfico. Si en el momento del nacimiento está situado en el ascendente, otorga una constitución muy fuerte, permitiendo que el nativo pueda superar toda una serie de obstáculos que, en cualquier otra circunstancia, podrían resultar fatales. Las personas nacidas bajo su influencia acostumbran a gozar de una excelente salud y poseer un carácter muy alegre y *jovial;* suelen ser muy abiertas, sinceras, generosas, poco amigas de los fraudes y de cualquier tipo de mezquindad. Por regla general, acostumbran a ser personas muy estimadas por la gente, dado que su comportamiento siempre es muy honrado y magnánimo; son los más favorecidos por la fortuna. Si en el momento del nacimiento Júpiter está situado cerca del meridiano (a no ser que existan muchos aspectos inarmónicos que contrarresten esta influencia), el nativo se volverá inmensamente rico y ocupará una posición muy distinguida. Esto se ha verificado en las natividades de la reina Victoria y del duque de Wellington.

Marte. Está situado entre la Tierra y Júpiter; es bastante más pequeño que nuestro planeta y tarda unos dos años, menos seis semanas, en dar la vuelta alrededor del Sol. Se lo conoce como el planeta rojo y su llamativa apariencia hace que resulte muy visible en el cielo; su diámetro con relación al de la Tierra es de 0,517 a 1.

Marte es un planeta realmente maléfico, pero su naturaleza es muy diferente a la de Saturno. Provoca fiebres y enfermedades violentas y las personas que se hallan bajo su influencia están muy predispuestas a los cortes, a las quemaduras y a otros accidentes violentos; son personas muy imprudentes, coléricas y sanguinarias; siempre están dispuestas a pelearse y no sienten ningún tipo de compasión. Si Marte está situado en el ascendente, entonces la persona será muy propensa a cortarse, a hacerse heridas y a tener marcas en la cara, y también será una gran amante de la guerra y del peligro; si está situado en la décima casa, o en el meridiano, normalmente suelen ser personas de carácter belicoso y tendentes a obtener honores a través de la guerra. En el tema natal de Jorge III, Marte estaba así situado y, durante su reinado, Inglaterra estuvo constantemente en guerra.

Venus. Este hermoso planeta está situado más cerca del Sol que la Tierra. Tarda 32 semanas en girar alrededor del Sol y tiene aproximadamente el mismo tamaño que nuestro planeta; su diámetro, con relación al de la Tierra, es de 0,975 a 1.

Su naturaleza es decididamente benéfica, aunque su poder es mucho menor que el de Júpiter. Si en el momento del nacimiento se encuentra en el ascendente, ayudará a fortalecer la constitución aunque, al mismo tiempo, también inclinará hacia los placeres y ello hará que el nativo pueda tender a perjudicar su propia salud. En el momento del nacimiento de Jorge IV, Venus estaba situada en el ascendente, otorgándole ese buen *gusto* que tanto le caracterizó, así como su marcada afición por llevar una vida disoluta. Las personas nacidas bajo su influencia normalmente suelen ser muy tranquilas y bondadosas. Si está situada en el meridiano, Venus hace que el nativo lleve una vida respetable, a no ser que esté muy mal aspectada por Saturno, ya que en este caso, por lo general, la conducta del sujeto acostumbrará a ser muy mezquina. Venus se halla muy influenciada por los aspectos que recibe, y resulta prácticamente imposible que pretendamos juzgar sus efectos si no *consideramos todos estos aspectos en su totalidad.* Si está bien aspectada en su conjunto, el nativo se verá beneficiado a través de las mujeres; pero si está mal aspectada por ♂, entonces, el nativo no será nada virtuoso.

Mercurio. Entre todos los planetas descubiertos hasta ahora, éste es el que está situado más cerca del Sol. Es muy pequeño, su diámetro mide 4.880 km, y se mueve con gran rapidez, tardando tan sólo 12 semanas y 4 días en dar la vuelta alrededor del Sol; su diámetro, con relación al de la Tierra, es de 0,398 a 1. Su influencia, cuando está situado en el ascendente y no se halla aspectado por ningún otro planeta, provoca impaciencia y grandes deseos de cambio, proporcionando una mente inquieta, así como un gran interés por la literatura. Pero, dado que este planeta es el que rige las facultades *mentales,* habrá que tener mucho cuidado a la hora de observar los aspectos que pueda formar con otros planetas puesto que, *en gran medida,* éstos serán los que determinen las características mentales del sujeto. Si está situado cerca del Sol, la persona jamás llegará a poseer grandes habilidades científicas y su mente será bastante limitada y superficial, aunque capaz de desarrollar cualquier tipo de trabajo laborioso. Pero, si al mismo tiempo también está influenciado por los aspectos de los planetas maléficos, y la Luna ocupa una posición débil o se halla afligida, entonces el nativo poseerá una mente realmente pobre. Y si el ascendente también está afligido por la presencia o por los aspectos inarmónicos de los planetas maléficos y no existe ni un solo buen aspecto entre la Luna y Mercurio, o entre ellos y el ascendente, el nativo tendrá mermadas sus facultades mentales, o incluso podría llegar a volverse loco. Esto también puede llegar a ocurrir aun en la circunstancia de que Mercurio se encuentre alejado del Sol, tal y como sucedió en el caso de Jorge III, en cuya carta astral Mercurio estaba situado a 12,5 grados del Sol. En el tema natal de este rey, Mercurio estaba en sextil con Júpiter, aspecto que protegió sus facultades mentales durante algunos años. Pero, al encontrarse en conjunción con Saturno y en semicuadratura con Marte, y al estar también la Luna en cuadratura con Marte sin recibir ni un solo aspecto por parte de Mercurio, y no estando ninguno de ellos en aspecto con el ascendente, bajo direcciones adversas, este rey llegó a perder la razón.

El Sol. A la hora de juzgar una natividad, a este magnífico cuerpo que nos brinda toda su luz y su calor, se le tiene menos en cuenta que a la Luna; aunque, si la astrología fuese una fantasía, probablemente su aparición hubiese dicho mucho en su favor. La Tierra está a 149.675.000 km del Sol, cuya masa sobrepasa a la de la Tierra en una proporción de 1.384.472 a 1; su diámetro, con relación al de la Tierra, es de 111,454 a 1. La mente humana se esfuerza en vano por intentar llegar a comprender su enorme masa, así como su forma de mantener a todos los cuerpos planetarios en continuo movimiento alrededor de su centro, porque aunque los términos *atracción* y *gravitación* llevan utilizándose desde hace mucho tiempo, continúan tan impregnados de misterio como pueda estarlo el de la *influencia planetaria*. La influencia específica del Sol es bastante pequeña, pero, según parece, es muy similar a la de Marte. Si se encuentra en el ascendente, o en aspecto con éste, proporciona un cierto grado de orgullo; cuando está en buen aspecto con la Luna, otorga éxito en la vida; pero si está mal aspectado, provoca una gran imprudencia y tiende a perjudicar la fortuna del nativo. Si forma una conjunción con algún planeta, propende a destruir su poder, asumiendo en gran medida la naturaleza del propio planeta. Para que el sujeto pueda lograr el éxito en la vida, resultará sumamente importante que el Sol no reciba ni un solo aspecto inarmónico por parte de los planetas considerados como maléficos y, mejor aún, que no reciba ningún tipo de aspecto por parte de éstos, a no ser que el Sol esté situado cerca del meridiano y el aspecto tenga lugar con Marte, ya que en este caso puede otorgar ascensos militares.

La Luna. Este hermoso cuerpo, *aparentemente,* tarda 27 días, 7 horas y 43 minutos[6] en girar alrededor de la Tierra. La distancia que nos separa de ella es de 384.500 km; y es casi 50 veces más pequeña que esta Tierra: su diámetro es de 3.476 km, mientras que el de la Tierra en el Ecuador es de 12.756 km.

Su *influencia será mucho mayor* sobre las personas dependiendo de dónde esté situada en el momento del nacimiento, o de acuerdo con aquello que denominamos su POSICIÓN MUNDANA; es decir, si está situa-

---

6. He dicho «aparentemente» porque he podido observar que, realmente, la Luna no gira alrededor de la Tierra, sino que forma una curva, la cual es similar a la de la Tierra.

da en el ascendente, en el descendente..., y también de acuerdo con los aspectos que forme con los demás planetas. Si se halla conjunta al Sol, la naturaleza del nativo será bastante débil, y si no está muy bien aspectada y el hileg no es fuerte, su vida será muy breve. Las personas nacidas durante un eclipse de Sol, cuando la Luna está casi en línea directa con el Sol, siempre suelen ser bastante débiles y nunca viven muchos años. Ciertamente, en todo momento la Luna tiene mucho que ver con la constitución y la energía del sujeto; y si ésta se halla muy afligida, su salud dejará mucho que desear, al igual que su fortuna. La conducta irracional depende de la Luna prácticamente en su totalidad; y si ésta se halla afligida, el sujeto poseerá un carácter indolente y se sentirá muy inclinado a la bebida, a la glotonería y al libertinaje. Los aspectos armónicos entre Mercurio y la Luna son muy importantes para proporcionar agudeza e ingenio. Si en el momento del nacimiento, la Luna está situada en el ascendente, el sujeto será muy amigo de las novedades y se sentirá muy inclinado a llevar una vida bohemia; pero si la Luna ocupa una posición débil en el tema, entonces el nativo llevará una vida disoluta. Si la Luna está situada en el meridiano, o cerca de éste, y al mismo tiempo recibe un buen aspecto de Mercurio, el nativo será muy inteligente y hará fortuna gracias a su talento; si está en buen aspecto con Júpiter, obtendrá grandes riquezas; con el Sol, conseguirá muchos ascensos; con Venus, tendrá muchas amistades femeninas y será muy agradable en su trato con los demás; con Saturno, en el caso de que éste ocupe una posición destacada en el tema, entonces el sujeto tenderá a obtener sus riquezas gracias a las personas de edad, así como por medio de ocupaciones relacionadas con las herencias, la construcción o la agricultura; con Marte, obtendrá el éxito a través de la guerra, o como cirujano, carnicero, etc. Pero, en todos estos casos, si existe algún aspecto inarmónico con la Luna, o incluso con el meridiano, la suerte en el plano material se verá disminuida.

Cuando tienen lugar aspectos inarmónicos entre la Luna, Marte y Mercurio, el nativo tenderá a ser bastante deshonesto. La Luna bien aspectada con Marte proporciona valor; pero cuando Marte está mal aspectado por otros planetas, entonces proporciona un exceso de audacia y de imprudencia.[7]

Sobre los aspectos

En el zodíaco, los aspectos consisten en unas distancias determinadas y, cuando dos cuerpos se encuentran en ellas, entonces se produce un efecto especial. Se han realizado muchas objeciones con respecto a esta parte de la ciencia; sus detractores afirman que estos aspectos no son más que unas medidas meramente arbitrarias y que no poseen ninguna base, que no existe absolutamente ninguna diferencia en matemáticas entre la distancia de 120 grados y la de 122 que pueda ser la base de este efecto particular sobre el que los astrólogos afirman que produce el aspecto denominado *trígono*.

7. Natividad de Richard Carlisle, 8 horas del 3 de diciembre de 1790 en Ashburton, Devon.

Esta objeción no posee grandes consecuencias porque, si puede demostrarse (lo que ciertamente sí es posible) que cuando la Luna, por ejemplo, forma un aspecto de *trígono* con Júpiter, o está situada a 120 grados de este planeta en cualquier natividad, entonces aparecen algunos efectos singulares los cuales, sin embargo, no tienen lugar cuando ésta se halla a una distancia de 122, 123 o cualquier otro número de grados; este *hecho* demuestra que existe algo muy peculiar en el ángulo formado por 120 grados, lo que constituye un aspecto de *trígono*.

Al haber investigado cuidadosamente este tema, descubrí una particularidad realmente singular en los ángulos formados, tanto por los *antiguos* como por los *nuevos* aspectos. El hecho es que CADA ASPECTO ASTROLÓGICO FORMA EL ÁNGULO EXACTO, O ÁNGULO SUPLEMENTARIO, DE UN POLÍGONO REGULAR, EL CUAL PUEDE SER INSCRITO EN UN CÍRCULO.[8]

Tabla de los aspectos y de los polígonos cuyos ángulos miden

30 grados. Un *semisextil,* el ángulo suplementario de un *duodecágono* regular, o figura de 12 caras.

45 grados. Una *semicuadratura,* el ángulo suplementario de un *octágono* regular, o figura de 8 caras.

60 grados. Un *sextil,* el ángulo de un *triángulo* regular, o figura de 3 caras.

72 grados. Un *quintil,* el ángulo suplementario de un *pentágono* regular, o figura de 5 caras.

---

8. Estos ángulos de las formas *regulares* de la geometría son aquellos bajo los cuales los metales superiores se cristalizan. El agua se cristaliza en un ángulo de 60°, el del *trígono*.

90 grados. Una *cuadratura*, el ángulo de un *cuadrilátero* regular, o figura de 4 caras.
120 grados. Un *trígono*, el ángulo de un *hexágono* regular, o figura de 6 caras.
135 grados. Una *sesquicuadratura*, el ángulo de un *octágono* regular, o figura de 8 caras.
144 grados. Un *biquintil*, el ángulo de un *decágono* regular, o figura de 10 caras.

Nota. 180 grados es la *oposición*, la suma de dos ángulos rectos, lo cual equivale al total de los 3 ángulos de cada triángulo.

Existe además un polígono, una figura de 9 caras, que forma un ángulo de 40 grados, pero todavía no es considerado como un aspecto astrológico.

Se da una curiosa y notable coincidencia entre los aspectos y los ángulos de los polígonos regulares; aquellos que tienen nociones de geometría y que meditan sobre las propiedades del triángulo y de otros polígonos, así como sobre la naturaleza del propio círculo, encontrarán el tiempo suficiente como para admirar las obras del Todopoderoso Creador, «cuyos caminos siempre nos llevan a encontrar algo».

El estudiante podrá observar que estos factores se ofrecen simplemente como prueba de que los aspectos no son *arbitrarios,* sino de que, realmente, se hallan íntimamente relacionados con los grandes principios de la geometría, sobre los cuales también se basa la arquitectura del propio universo.

Las características de los aspectos

Los aspectos armónicos son el *semisextil,* el *sextil,* el *quintil,* el *trígono* y el *biquintil.* Siempre que los planetas se encuentran situados a esta distancia entre ellos, actúan de forma benéfica para el nativo. Y si, en el momento del nacimiento, el aspecto todavía no es exacto, es decir, cuando le faltan unos pocos grados para serlo, entonces el efecto será menos poderoso, pero alcanzará toda su plenitud durante el período de la vida en el que llegue a completarse, lo que explicaremos cuando hablemos de las «direcciones» primarias. Si en el momento del nacimiento, el aspecto ya ha pasado, o sea que está sobrepasando por unos pocos grados al aspecto exacto, entonces el planeta que se está *separando* del otro, es decir, aquel cuyo movimiento es el más rápido, seguirá conservando el efecto del aspecto hasta que se haya separado varios grados.

Los aspectos inarmónicos son la *semicuadratura*, la *cuadratura*, la *sesquicuadratura* y la *oposición*. Cuando los planetas se encuentran situados a estas distancias entre ellos, entonces actuarán de forma perjudicial para el nativo. Con respecto a los aspectos de *aproximación* y de *separación*, podemos seguir considerando las mismas observaciones que en el párrafo anterior.

Observación. Cuanto más perfecto o exacto sea el aspecto, más poderoso será su efecto, tanto si se trata de un aspecto armónico como inarmónico.

La conjunción. Tiene lugar cuando dos planetas se hallan situados en el mismo grado y minuto de cualquier signo. Si una de las luminarias (el Sol o la Luna) forma una conjunción con un planeta maléfico, ello perjudicará la constitución del nativo; y si un planeta maléfico está en conjunción con el *hileg,* el nativo será muy propenso a las enfermedades durante todo el transcurso de su vida.

Si el hileg está en conjunción con Júpiter o con Venus, la constitución del sujeto se verá fortalecida; pero si el hileg es el Sol, su conjunción con el planeta benéfico destruirá su poder para beneficiarlo en mayor medida, y sus aspectos armónicos con la Luna, el medio cielo, el ascendente o la rueda de la fortuna poseerán un efecto menor.

El semisextil. Éste es el aspecto más débil de todos y carece de importancia en cuanto a las direcciones se refiere; pero, si en el momento del nacimiento, el hileg forma un semisextil exacto con algún planeta benéfico, la salud del nativo se verá enormemente favorecida.

La semicuadratura. Este aspecto, tanto de nacimiento como por dirección, es inarmónico; pero si tiene lugar entre el hileg y Júpiter, entonces reforzará considerablemente la constitución del sujeto.

El sextil. Éste es un poderoso y benéfico aspecto.

El quintil. Se trata de un aspecto benéfico, pero si tiene lugar con los planetas maléficos, entonces su efecto apenas será considerable, siendo mucho menos poderoso que el sextil.

La cuadratura. Éste es un aspecto muy poderoso y maléfico; y si el planeta que lo provoca es Saturno y está situado en la casa X, y el planeta que lo recibe es el hileg, entonces el nativo siempre estará enfermo, a no ser que otros poderosos aspectos contrarresten este efecto; pero, incluso así, el nativo poseerá una salud enfermiza, en particular cuando Saturno reciba algún aspecto inarmónico por parte de Urano o de Marte, ya que ello hará que su naturaleza se vuelva aún más maléfica.

El trígono. Éste es el más poderoso de todos los aspectos armónicos.

La sesquicuadratura. Este aspecto es equivalente al de la semicuadratura.

El biquintil. Debemos considerarlo como el quintil.

La oposición. Éste es el más poderoso de todos los aspectos inarmónicos. Si el hileg está opuesto a Saturno o a Marte, el nativo poseerá una constitución muy débil.

El paralelo zodiacal. Los antiguos autores no calculaban adecuadamente estos paralelos, ya que omitían la latitud del planeta y ello provocaba continuos errores, puesto que nunca podían ser correctos, a no ser en aquellas contadas ocasiones en que dos planetas se encontraban exactamente en la Eclíptica. El paralelo zodiacal indica una distancia paralela desde el ecuador, o estando en el mismo grado de declinación; y tanto sea norte como sur, ello carece de importancia. El estudiante deberá prestar una atención muy especial a la declinación de los planetas, puesto que el PARALELO ZODIACAL *posee mucha más importancia que cualquier otro aspecto.* El efecto de esta posición es justamente el mismo que el de una conjunción exacta, pero incluso *más poderoso.*

Sobre la carta del cielo

Éste no es ni más ni menos que un mapa, o plano, en el cual se representa cuidadosamente una descripción del cielo en un momento dado como, por ejemplo, el momento del nacimiento de un niño. Nos muestra si las estrellas están saliendo, poniéndose o acercándose al meridiano; así como las posiciones ocupadas por el Sol, la Luna y los planetas, y también la de cualquier cometa que pueda resultar visible en ese momento. Se divide en dos partes muy importantes, y éstas son el hemisferio *diurno* y el *nocturno*. El primero consiste en todo ese espacio contenido entre el horizonte este y el oeste, *por encima de la Tierra;* el último abarca el resto del cielo y, por supuesto, está *por debajo de la Tierra*. También posee otras dos *grandes divisiones* provocadas por el meridiano; son los puntos *sur* y *norte*. El primero es aquel alcanzado a diario por el Sol cada mediodía, hallándose entonces en una dirección *sur* del espectador situado en esta parte del ecuador; y el otro es ese punto que se halla directamente opuesto al meridiano sur, y en el que se encuentra el Sol a medianoche, llamado el meridiano *norte,* o cielo *inferior.*

Evidentemente, estas *cuatro* divisiones: *este, sur, oeste* y *norte,* están formadas por la naturaleza. El *este* es ese punto en el que sale el Sol, o asciende, y se hace visible; el *sur* es ese punto en el que deja de ascender y después de mostrarse aparentemente estacionario, por un momento, empieza a descender; el *oeste* es el punto en el que el Sol se pone y desaparece y, finalmente, el *norte* es ese punto en el que deja de descender y de nuevo empieza a ascender y a acercarse al horizonte este.

Los astrólogos dividen el cielo en *doce* sectores, a los que denominan CASAS: estos cuatro *puntos* son los más importantes de estas doce casas y se llaman ÁNGULOS. Los planetas que se encuentren situados en los *ángulos* en el momento del nacimiento actuarán con mucha más fuerza, tanto de forma benéfica como maléfica (dependiendo de su naturaleza), que aquellos situados en cualquier otra parte de la carta astral. El ángulo más poderoso es el *sur*, o cuando una estrella se encuentra en el meridiano encima de la Tierra; el siguiente es el *este*, o cuando una estrella está ascendiendo; el otro es el *oeste*, o cuando una estrella se pone y, finalmente, el menos poderoso de todos es el *norte*, o el meridiano situado por debajo de la Tierra.

Sobre las doce casas del cielo

Una vez divido el cielo en *cuatro* cuartos, los cuales, tal y como ya hemos demostrado, han sido formados *por la naturaleza*, ahora mostraremos cómo estos, a su vez, también se subdividen en *tres* cuartos cada uno, formando *doce* divisiones, a las que llamaremos las DOCE CASAS.

Si el primer grado de *Aries*, el principio del zodíaco, se está levantando en el este, el punto opuesto del zodíaco (el primer grado de *Libra*) debe estar poniéndose en ese mismo momento. Si, entonces, examinamos el cielo, nos daremos cuenta de que en el meridiano (norte) encontraremos el primer grado de *Cáncer*, y en el meridiano opuesto (sur), encontraremos el principio de *Capricornio*. Por lo tanto, cada meridiano dista 90 grados del punto este, o ascendente; pero, con el fin de no complicar las cosas, nos limitaremos a considerar el meridiano sur. Si el Sol se halla situado en el primer grado de Aries, cuando éste se está levantando y, al mismo tiempo, la Luna está en el primer grado de Capricornio, ésta se encontrará en el meridiano sur, y también estará a 90 grados de distancia del Sol, lo cual constituirá un aspecto de *cuadratura* entre ambos cuerpos. Si el Sol se levanta en el primer grado de Aries, entonces el día y la noche serán iguales y durarán 12 horas cada uno. En este caso, el Sol sale a las seis en punto de la mañana, llega al meridiano sur a las doce y se pone a las seis (18 horas) de la tarde; y si suponemos que la Luna permanece *fija* en el meridiano, el Sol, dos horas después de levantarse, estará a 60 grados de ella, habiendo pasado *un tercio* de la distancia desde el ascendente hasta el meridiano, o medio cielo,[9] y el aspecto que forme será un *sextil*. Por ello, es como si, al haber sido completado *un tercio* de la mitad del arco formado por el Sol en su recorrido diario, éste se encuentre en un aspecto de *sextil* con el meridiano. Entonces, por supuesto, deberá estar a 30 grados (un *semisextil*) del horizonte, o ascendente. Ahora esto, al ser *un tercio* de UN CUARTO del cielo, es *una doceava parte* del TOTAL; y ello constituye UNA CASA. En dos horas más, el Sol continuará ascendiendo otros 30 grados y llegará a estar a una distancia de 60 grados del ascendente y a 30 grados del medio cielo. Esto forma otro *tercio* del cuarto contenido entre el este y el meridiano, y se convierte en otra *casa*. Cuando, al mediodía, llega al medio cielo, ha pasado una tercera *casa*; de lo que se deduce que hay *tres casas* entre el horizonte y el meridiano, y el *principio* de cada una de ellas está en aspecto con *dichos* puntos. Debido al hecho de que se encuentran en *aspecto* y que parecen producir *ciertos efectos* que no provocan cuando están situadas de

---

9. Esta distancia siempre será la misma, por ascensión oblicua, al haber siempre 90° de ascensión oblicua entre el horizonte y el meridiano.

otra forma, no hay duda de que esto fue lo primero que originó la división del cielo en *doce casas*. Resulta evidente que al pasar del medio cielo al horizonte occidental, se formarán unas posiciones similares; al igual que cuando pasen del horizonte occidental al meridiano norte, y lo mismo sucederá cuando pasen del meridiano norte al lugar en el que sale el sol, en el este. Cada cuadrante del cielo abarca *tres* casas; cada hemisferio contiene *seis* y, por supuesto, éstas son las DOCE CASAS.

Aviso. No importa si el Sol o cualquier otra estrella se encuentra situada en el ecuador y, así, divide el cielo en porciones *iguales* para formar las casas o si, por el contrario, se encuentra distante del ecuador y, de esta forma, divide el cielo en porciones *desiguales*; puesto que *una casa*, durante la trayectoria de cualquier cuerpo pesado, siempre medirá exactamente una *tercera parte* del arco formado por el cuerpo entre el horizonte y el meridiano.[10]

Cómo levantar una carta del cielo en el momento del nacimiento

Ello consiste simplemente en dibujar el mapa del cielo, tal y como aparece en el momento del nacimiento de un niño; de acuerdo con la posición de los signos del zodíaco, del Sol, la Luna y de otros cuerpos pesados, así será el destino del nativo, es decir, del niño nacido en ese momento, a no ser que, por prudencia y precaución, alguna parte de este destino, al haber sido previsto, pueda ser evitado.

10. Véase nota 9.

Trace un gran círculo para representar el cielo y, en su interior, dibuje otro más pequeño para representar la Tierra. Después, trace una línea recta a través del círculo exterior (tal y como mostramos en la figura 1, pág. 160) para representar el horizonte; siendo E el este, donde nace el Sol; y O el oeste, donde el Sol se pone. Entonces, trace otra línea en los ángulos rectos, a partir de la primera, con el fin de representar el meridiano; siendo S el sur, donde el Sol está al mediodía; y N el norte, donde está a medianoche. Estos cuatro puntos son los ángulos o cúspides, es decir, el principio de la 1ª, 4ª, 7ª y 10ª casas, las cuales son las más importantes de todo mapa de cielo o natividad. Ahora divida cada uno de los cuatro cuadrantes de la figura en tres partes, trazando otras cuatro líneas, las cuales están representadas en la lámina por las líneas de *puntos*. Entonces, tendrá las doce casas dispuestas para representar en ellas los planetas y los signos tal y como estén situados.

Cómo insertar los signos del zodíaco
1. Busque en mi Almanaque (o si la fecha es anterior a 1839, en las Efemérides de White) con el fin de localizar el grado y minuto de longitud en que se encontraba el Sol durante el mediodía anterior al momento del nacimiento y, entonces, en la tabla de la A.D. (ascensión directa) busque el grado y minuto que se corresponda y anótelo abajo. Luego, tome la media u hora de reloj del nacimiento después del último mediodía, y conviértalo en grados y minutos multiplicándolo por 15; súmelo todo y añada la corrección para la diferencia entre el tiempo medio y el sideral (para 1 hora son 9,86 s y para un minuto, 0,16 s), y el resultado será el grado de *ascensión directa* en el meridiano en el momento del nacimien-

to. También deberá corregir el tiempo para la «ecuación de tiempo», siempre y cuando la efemérides no esté calculada para el tiempo *medio*.

Observación. El verdadero momento del nacimiento es aquel en que el recién nacido respira por primera vez, lo que normalmente suele ir acompañado por llanto, y ello puede ocurrir incluso antes de que hayan aparecido sus extremidades inferiores.

2. Una vez hallada la ascensión directa del meridiano, o medio cielo, en el momento del nacimiento, busque en la tabla de las casas[11] a qué grados de longitud se corresponde, y escríbalos bajo la cúspide de la casa X, o medio cielo, y después anote estos mismos grados en el signo opuesto, es decir, en la casa IV.

3. En la siguiente columna de la tabla de las casas, encontrará el grado de la casa XI, y al principio de la columna, o en alguna parte de ésta, encima de la línea de figuras que está utilizando, hallará el signo en el que se encuentra esta casa, el cual deberá anotar, y lo mismo deberá hacer en el grado del signo opuesto, es decir, en la casa V.

4. En la cuarta columna, encontrará el grado de longitud que deberá colocar en la casa XII; coloque el mismo grado en el signo opuesto, es decir, en la casa VI.

5. En la quinta columna, encontrará el grado y minuto de longitud del ascendente, o el signo que se estaba levantando en el momento del nacimiento y, por supuesto, su opuesto estará situado en la casa VII, o descendente.

---

11. En mis «Tablas para calcular las natividades».

6. En la sexta columna, busque el grado para la longitud de la casa II y anote este mismo grado en su signo opuesto, es decir, en la cúspide de la casa VIII.

7. En la séptima columna, busque el grado de longitud de la casa III y anote este grado en su signo opuesto, es decir, en la casa IX y, de esta forma, habrá completado las cúspides de las *doce casas* (véase figura 2, pág. 161).

Ejemplo. En *Moore's Life of Byron*, aparece una carta redactada por lord Byron, escrita en Pisa, el 10 de diciembre de 1821, con las siguientes palabras: «En este día y a esta hora (la una en el reloj) mi hija ha cumplido seis años». Por ello, consideraremos esto como una auténtica natividad, y levantaremos una carta del cielo para las 13 horas del 10 de diciembre de 1815, en Londres.

1. Consultando las Efemérides de White para el mediodía *precedente* al momento del nacimiento, que era el mediodía del 10 de diciembre de 1815, encontramos que la longitud del Sol estaba a 17 grados y 37 min de Sagitario. La ascensión directa de 17 grados de este signo es de 255° 52′, la de 18 grados del mismo signo es de 256° 57′; entonces, por la regla de tres, se dice que, si un grado o 60 minutos da la diferencia entre estos números, 65 minutos, ¿qué darán 37 minutos? Respuesta: 40 minutos, que, añadidos al primer número 255° 52′, dan 256° 32′ para la ascensión directa del Sol al mediodía.

La corrección para la «ecuación de tiempo» se hace de esta forma: el reloj, en el momento en el que el Sol estaba en el meridiano el 10 de diciembre de 1815, estaba a 7 min 9 s menos. Por ello, cuando el reloj indicaba el «mediodía», el Sol había pasado el meridiano 7 min 9 s, que en grados se traduce por 1° 47′ 15″, porque 7 min 9 s x 15 = 6.435 segundos.

Por ello, si a la
ascensión directa del Sol al mediodía .... 256° 32′
le añadimos la citada corrección 1 47
obtendremos la ascensión directa
del meridiano al mediodía 258 19

Añádale la media del tiempo de nacimiento 1 hora ... 15 0
Añada también la corrección para la diferencia
del tiempo medio y sideral 1 hora[12] 0 3
A.D. del M.C. en el momento del nacimiento ...... 273° 22′

2. Esta ascensión directa se corresponde a 3° 5 ½′ del signo de Capricornio; por ello debemos colocar los 3° de Capricornio en la cúspide de la casa X o medio cielo, y hacer lo mismo en el signo opuesto, es decir ♋, en la casa IV.

3. La siguiente columna (3ª) se encontrará a 22°; lo que muestra que a 22° de ♑ estará la casa XI y que, por lo tanto, a los mismos grados del signo opuesto, Cáncer, estará la cúspide de la casa V.

4. La cuarta columna estará a 17° de Acuario, puesto que éste es el signo que encabeza dicha columna; colóquelo en la casa XII, y haga lo mismo con los 17° de Leo colocándolos en la cúspide de la casa VI, es decir, en la casa opuesta.

5. La 5ª columna la encontrará a 7° 55′, lo que denotará que los 7 grados 55 min de Aries estaban ascendiendo en el

---

12. Esta diferencia se halla multiplicando la diferencia horaria entre el tiempo medio y el sideral, 9″,86 en la cantidad del tiempo medio transcurrido desde el mediodía. Así pues, 1 hora x 9″,86 = 9″,86; y para convertir esto en grados de «arco», diga 9″ 86 x 15 = 148″, al que llamo 3′, puesto que he perdido 15″ en la «ecuación del tiempo».

este: pero esto sucedía cuando los 3° de ♑ estaban culminando *exactamente;* y puesto que se considera que 1° de longitud en el meridiano da 2° 34´ en el ascendente, 5 ½´ darán 14´, por lo que podemos decir que 7° 55´ + 14´= 8° 9´, lo que hará que el ascendente esté situado exactamente a estos grados de Aries. Y, después de colocar ♈ a 8° 9´, coloque Libra a 8° 9´ de la casa VII, es decir, en la casa opuesta.

6. En la 2ª casa, coloque lo que encontrará en la 6ª columna, es decir 22° de Tauro; por lo que, la cúspide de la casa II estará a 22° de ♉ y, en el signo opuesto, ♏, también a 22°, encontrará la casa VIII.

7. En la 3ª casa, coloque lo que encontrará en la 7ª columna, es decir 15° de ♓; por lo que deberá colocar la cúspide de la casa IX en el signo opuesto, es decir, a 15° de ♐. Ahora, en la figura aparecerán todos los signos del zodíaco tal y como estaban situados en el cielo a las 13 horas del 10 de diciembre de 1815 en *Londres.* (Véase figura 2, pág. 161).

Cómo colocar los planetas dentro de la carta astral

Observación preliminar. Las efemérides, al estar calculadas para el meridiano de Greenwich, si el nacimiento tiene lugar como mínimo a 15 millas [24 km] hacia el este o hacia el oeste de Greenwich, antes de buscar la situación de los planetas deberemos corregir la longitud del lugar para el momento del nacimiento con el fin de comprobar la hora de Greenwich.

Regla. Si la longitud está al *este* de Greenwich, reste 1 minuto para el tiempo dado para cada 15 millas de longitud; pero, si está al *oeste* de Greenwich, entonces deberá añadir 1 minuto para cada 15 millas de longitud.

Ejemplo. Si el nacimiento tiene lugar en Liverpool, cuya longitud es de 3 grados oeste, o 180 millas, [289,62 km] deberá añadir 12 minutos al tiempo dado (puesto que 180 dividido por 15 da 12), y obtendrá la hora de Greenwich para la cual encontrar la posición de los planetas.

Cómo colocar la posición de los planetas en el momento del nacimiento

Regla. Averigüe el total de la longitud recorrida en el zodíaco por cada planeta entre el mediodía anterior y aquel que siga al momento del nacimiento. Entonces, diga: si 24 horas dan este resultado ¿qué resultado dará el momento del nacimiento del mediodía anterior?, y añada el resultado a la longitud de los planetas durante el mediodía anterior.

Ejemplo. En la natividad de la hija de lord Byron, la longitud del ☉ durante el mediodía del 10 de diciembre era de 17° 37′ en el signo de ♐ (si los segundos son menos de 30, pueden ser omitidos; si son más de 30, podrá considerarlos como 1 minuto y añadirlo a los minutos), mientras que el día 11 era de 18° 38′, la diferencia es de 61 minutos; entonces, si 24 horas dan 61 minutos, ¿qué dará 1 hora 7 minutos?[13]

Respuesta: 2 minutos 50 segundos que, añadidos al lugar ocupado por el ☉ durante el mediodía anterior, nos proporcionarán el lugar ocupado por el ☉ en el zodíaco en el momento del nacimiento.

---

13. Aquí se tiene en cuenta la «ecuación del tiempo», porque el lugar ocupado por los planetas en las Efemérides de White fueron dados para el verdadero o aparente mediodía, cuando el Sol estaba en el meridiano.

Por ello, al estar el ☉ en ♐,
el mediodía anterior, a .... 17° 37′ 21″
Longitud alcanzada
desde el mediodía .... 2′ 50″
Longitud del ☉
en el momento del nacimiento .... 17° 40′ 11″

Otro breve método utilizado por el autor
Divida por 12 el total de la longitud recorrida en 24 horas, y también el tiempo desde el mediodía; entonces multiplique los cocientes, y el resultado obtenido será la respuesta en minutos de un grado, siendo la última cifra un decimal.

Ejemplo. Longitud recorrida en 24 horas: 61 minutos, divididos por 12, da 5; tiempo desde el mediodía: 67 minutos, divididos por 12, da 5 ½ ; entonces, 5 ½ multiplicado por 5 da 27 ½ : al ser la última cifra un decimal, la respuesta es 2,7 ½, o 2 minutos y 7 ½ décimas de un minuto, que podemos considerar como 3 minutos.

Ahora, y de esta misma forma, deberá encontrar la longitud de la ☽ en el momento del nacimiento. Así, la longitud de la ☽ el día 10 es de 5° 5′ en el signo de ♈, lo mismo el día 11, que es de 17° 20′ también en ♈, la diferencia en 24 horas: 12° 15′; esto, dividido por 12 da 1° ½ ′; que, reducido a minutos, da 61 ½ , y multiplicado por 5 ½ proporciona 33,6 ½, o 33 minutos 6 ½ décimas, igual a 34 minutos; esto, añadido a la longitud de la ☽ durante el mediodía del día 10, es decir 5° 5′ de ♈, hace que su longitud en el momento del nacimiento sea de 5° 39′, en ♈.

Una vez encontrado el lugar ocupado por los demás planetas, deberá proceder a colocarlos dentro del mapa del cielo tal y como sigue:

1°. ☉. La cúspide de la casa IX está a 15° de ♐; pero como el ☉ está situado a más grados de ♐, deberá colocarlo dentro de esta casa; si hubiera estado situado a menos de 15° de Sagitario, tendríamos que haberlo colocado fuera de esta cúspide, es decir, en la casa anterior.

2°. ☽. El ascendente está a 8° 9′ de ♈, y como la ☽ está situada a menos grados de este signo, habrá que colocarla antes de la cúspide, es decir, en la casa anterior a la 1ª casa.

3°. ♅ está a menos grados que la cúspide de la casa IX y, por lo tanto, debe ser colocado fuera de la misma, es decir, en la casa anterior.

4°. ♄ está situado a 8° 36′ de ♒, justo antes de la cúspide de la casa XII, que está a 17° de ♒ y, por lo tanto, debemos colocarlo en la casa XI.

5°. ♃ está situado a 2° 15′ de ♏ y ♀ a 1° 32′, ambos se encuentran en la casa VII, puesto que la cúspide de la casa VIII empieza a 22° de ♏.

6°. ♂, al estar situado a más grados de ♈ de lo que está situada la cúspide de la 1ª casa, está en el ascendente, es decir a 20° 26′ de ♈.

7°. Al estar ☿ a 0° 32′ de ♐, está mucho más alejado de la casa IX que ♅, y se encuentra casi en la mitad de la casa VIII.

☊ lunares. El nodo ☽ norte está a 24° 57′ de ♐ y cae en la casa IX, más lejos que el ☉; el ☋ lunar sur siempre se halla opuesto al nodo norte y, por lo tanto se encuentra a 24 57′ de ♓, en la casa III. Ahora, la carta astral ya está completa, a excepción de la ⊕, de la que hablaremos en la página 93.

Cómo encontrar las latitudes, declinaciones... de los planetas

La latitud. Para la Luna, ésta aparece en las efemérides para cada día al mediodía; y la parte proporcional puede ser encontrada por medio de cualquiera de las reglas anteriormente citadas para hallar la longitud. El Sol nunca tiene ninguna latitud. La latitud de los demás planetas viene dada para cada 6 días; y la parte proporcional puede ser encontrada con gran facilidad por medio de la regla dorada.

Ejemplo. La latitud de Mercurio el 7 de diciembre de 1815 era de 1° 33´ norte, y el día 13 era de 0° 49´ norte; diferencia: 44 minutos; entonces, si 6 días nos dan 44 minutos, ¿qué nos darán 3 días y 1 hora (el tiempo entre el 7° día al mediodía y el momento del nacimiento)? Respuesta: 22 minutos que, restados de la latitud de Mercurio durante el mediodía del día 7, dado que éste estaba disminuyendo en latitud, nos proporcionan una latitud de 1° 11´ norte.

Observación. Si el planeta pasa de una latitud norte a una latitud sur, o viceversa, *sume* la cantidad de cada una de ellas para encontrar la *diferencia*.

La declinación. De ésta dependen la mayoría del resto de los datos para averiguar los arcos de dirección, a través de los cuales podremos conocer el período de los distintos acontecimientos de nuestra vida. Debe ser calculada con gran precisión. En mis tablas viene dada para cada grado de longitud y de latitud en los que podemos encontrar a los planetas; pero, puesto que raramente se encuentran en un grado exacto, será necesario que obtengamos la parte proporcional tanto de la longitud como de la latitud.

Ejemplo 1. El Sol está a 17° 40´ de ♐; la declinación de 17° de ♐ es 22° 50´, y la de 18° es de 22° 56´; diferencia: 6 minutos; entonces, deberá decir: puesto que 60 minutos equivalen a 40 minutos, 6 minutos equivaldrán a 4 minutos, los cuales deberá añadir a la declinación de 17° de ♐, ya que el Sol está *aumentando* en declinación, y la declinación del Sol será de 22° 54´, y como está en un signo meridional, será *sur*.

Ejemplo 2. Para encontrar la declinación de la Luna en la natividad de la condesa de Lovelace, busque en la tabla la longitud de la Luna: 5° 39´ de ♈ (teniendo la ☽ una latitud sur de 5° 11´). Opuesto a la longitud de 5 grados de ♈, bajo la columna de 5 grados latitud sur (casi la latitud de la Luna), se encuentran 2° 36´; y en la misma columna opuesta a 6 ° de ♈ se encuentran 2° 12´, la diferencia es 24 min; entonces diga, 60 : 24 : : 39 : 15,36, 15 min 36 segundos *negativos*.

Después, busque la diferencia entre 5 grados de latitud y 6 grados opuestos al 5° grado de longitud: esto será 55; entonces diga:

0 : 55 : : 11 : 10,5, o 10,5 *positivos*.

Entonces, puesto que la diferencia para los minutos de longitud es *negativa,* y la diferencia de los minutos de latitud es *positiva,* reste una de la otra.

15´ 36´´ negativo
10   5   positivo

Y obtendrá una diferencia de 5 31 *negativos*, que deberá restar del primer número 2° 36´, que está opuesto a 5 grados de longitud, y en la columna de 5 grados de latitud. Puesto que los segundos son más de 30, deberá considerarlos como 6 minutos, que, restados a 2° 36´, hacen que la verdadera declinación de la Luna sea de 2° 30´, y *sur*; pues, aunque por longitud, la Luna esté situada en un signo septentrional, sigue estando al sur del ecuador debido a su elevada latitud sur.

Observación. Si ambas correcciones son *positivas,* o ambas son *negativas,* deberá sumarlas juntas para encontrar la verdadera corrección, la cual si es *positiva,* deberá añadir; y si es *negativa,* deberá restar del número opuesto hasta los *grados exactos* de longitud y latitud que el planeta acaba justo de pasar.

Ascensión directa. Puede encontrarla en mis tablas a través del mismo proceso que para la declinación: si es menor de 180 grados, es norte; y si sobrepasa los 180 grados, es sur. Se cuenta a partir del principio de ♈, y es la medida de una esfera exacta, o círculo, que pasa por encima del meridiano una vez cada 24 horas; y puesto que suma 360 grados, y como una 24ª parte de 360 = 15, este número de grados pasa cada hora por encima del meridiano; y al ser *un grado* el equivalente de una 15ª parte de una hora, es igual a 4 min de tiempo. Por lo tanto, de ello se deduce que un error de tan sólo 4 min en el supuesto momento del nacimiento, provocará un error de *todo un grado* en la ascensión directa del meridiano. Y puesto que todos los aspectos de los planetas con respecto al meridiano o al ascendente se miden por medio de la ascensión directa, el error de tan sólo *un minuto* al anotar el momento exacto del nacimiento, provocará un error de 15 minutos de un *grado,* es decir, de un cuarto de grado en el arco de dirección; y dado que el momento de los acontecimientos que puedan tener lugar dentro de una vida se comprueba por medio de la ascensión directa del Sol, la cual aumenta aproximadamente *un grado diario,* y como un día de vida después del nacimiento corresponde a un año de vida, el resultado es que un error de tan sólo *un* minuto en el momento del nacimiento, provocará un error de un cuarto de año con respecto al momento esperado de un acontecimiento. Esto hace que las predicciones sean incorrectas en cuanto al tiempo, a no ser que el momento estimado del nacimiento se haya calculado con escrupulosa exactitud, o que se pueda encontrar el verdadero momento del nacimiento comparando los arcos de dirección con algunos de los acontecimientos que hayan tenido lugar en la vida del nativo.

La distancia del meridiano. Ésta puede encontrarse restando la diferencia existente entre la A.D. del medio cielo y el planeta, si éste se encuentra por encima del horizonte; y la diferencia entre la A.D. de la cúspide de la casa IV o meridiano norte, si el planeta está por debajo del horizonte. La A.D. de la casa IV se encuentra añadiendo 180 grados a la A.D. del medio cielo o casa X, y si sobrepasa los 360 grados, deberá restarle este número.

Ejemplo. Para encontrar la distancia del meridiano de Saturno en la natividad de la hija de lord Byron:

A.D. Saturno .... 311° 17
A.D. del meridiano .... 273° 22
Distancia del meridiano de Saturno .... 37° 55

El semiarco. Éste es la mitad de la duración del planeta, tanto por encima como por debajo del horizonte, y puede medirse en horas o minutos, así como en grados y en minutos de grado.

Regla 1. Consulte en la tabla de la diferencia ascensional la elevación del polo (la cual se refiere a la latitud de la ciudad) donde nació el sujeto, y en el lado opuesto al de la declinación del planeta encontrará la diferencia ascensional,[14] tras haber realizado la oportuna proporción ahí donde se requiera.

14. O, por logaritmos, el seno de la dif. ascensional = tang. polo + tang. decl.

Regla 2. Si el planeta no tiene declinación, es porque se encuentra en el ecuador, y debe estar exactamente 12 horas (o 180 grados) por encima de la Tierra, y el mismo tiempo por debajo. Pero, si tiene declinación, debe tener diferencia ascensional, que es la duración del tiempo superior a seis horas en pasar desde el horizonte hasta el meridiano, o inferior a seis horas. Si se considera en grados, es la extensión superior o inferior a 90°, trazada al pasar desde el horizonte al meridiano.

Regla 3. Si el planeta se encuentra por *encima* de la Tierra y con una declinación *norte,* para encontrar el semiarco deberá añadir la diferencia ascensional a 90 grados; y si la declinación es *sur,* entonces, para hallar el semiarco, deberá restar la diferencia ascensional a los 90 grados.

Regla 4. Si el planeta se encuentra por *debajo* de la Tierra y con una declinación *norte,* deberá restar; pero si se encuentra en una declinación *sur,* entonces, para poder encontrar el semiarco, deberá añadir la diferencia ascensional a los 90 grados.

Nota. Una vez hallado el semiarco, tanto por encima como por debajo de la Tierra, podrá encontrar su otro semiarco restando el que ya tenga de 180 grados.

Ejemplo 1. ¿Cuál es el semiarco de Saturno en la natividad de la condesa de Lovelace? Saturno está por *encima* de la Tierra, y con declinación *sur;* está menos tiempo por encima de la Tierra que por debajo; por ello, su diferencia ascensional, que podemos encontrar bajo el polo o latitud de Londres 51° 32´, y la declinación opuesta de Saturno 18° 57´, que es de 25° 36´, debe ser restada a 90°, lo que da 64° 24´, puesto que su semiarco es *diurno.*

De esta forma, y por logaritmos:
Tang. 51° 32´..................10,09991
Tang. 18 57´....................9,53574
_____
Seno 25 36´......................9,63565

Las tablas dan un minuto menos.

Ejemplo 2. La diferencia ascensional del Sol bajo la misma latitud y 22° 54´ de declinación es de 32° 7´ que, restados de 90°, dan 57° 53´ para el semiarco del Sol; el doble es 115° 46´ y, convertido en tiempo es de 7 h 43 min 4 s, el tiempo que el Sol está por encima de la Tierra.

Éstos son los únicos datos requeridos para proceder a calcular los arcos de dirección, por medio de los cuales no sólo se pueden prever los acontecimientos que tendrán lugar en la vida del nativo, sino que también puede llegar a averiguarse los períodos durante los que van a ocurrir (con el margen de unos días).

Como referencia, a continuación vamos a darlos todos.

Espéculo (o tabla de datos) de la natividad de la hija de lord Byron
Observación. La Luna, aunque, aparentemente y por su longitud se encuentra por encima de la Tierra, en realidad está debajo del horizonte, debido a su gran latitud: de hecho está más lejos del horizonte que Marte, tal y como podemos encontrar restando su distancia meridional (86° 7´) de su semiarco: 93° 9´; la diferencia, que siempre es la distancia en la que se encuentra el planeta del horizonte, es de 7° 2´, mientras que la diferencia entre la distancia del meridiano y el semiarco es tan sólo de 4° 86´.

Planetas	Latitud	Declin.	Asc. directa	Dist. del mer.	Semiarco
♅	0,4 N	21,35 S	246,3	27,19	60,8 D
♄	0,51 S	18,57 S	311,7	37,55	64,24 D
♃	1,8 N	11,12 S	210,27	62,55	75,34 D
♂	0,25 N	8,23 N	18,42	74,40	79,19 N
☉	* *	22,54 S	256,35	16,47	57,53 D
♀	2,35 N	9,36 S	210,17	63,5	77,43 D
☿	1,11 N	19,7 S	238,24	34,58	64,8 D
☽	5,11 S	2,30 S	7,15	86,7	93,9 N
⊕	—	2,30 S	81,55	11,27	93,9 N

Cómo juzgar el destino
por medio de la carta del cielo levantada en el momento del nacimiento

Observación. Aquí, la palabra destino no tiene por qué implicar necesariamente un destino *inevitable;* puesto que, aunque los planetas ejerzan una cierta *influencia* en los asuntos del nativo, no obstante estas influencias pueden ser contrarrestadas por medio de la *voluntad* humana y, de esta forma, éstas tanto pueden llegar a ser superadas totalmente como ser visiblemente atenuadas. Pero, si a pesar de ello, éstas no son *atendidas,* sino que actúan con total libertad, entonces ciertamente producirán todo su efecto; y el lector debe recordar que, *al predecir los acontecimientos, los astrólogos siempre presuponen que esta última circunstancia es la que acostumbra a tener lugar.*

Regla para juzgar a la persona

Considere los planetas que estén en el ascendente, si es que hay alguno, así como el signo ascendente, y también aquellos planetas que formen algún aspecto con la cúspide del ascendente; y, entonces, con todos estos datos, proceda a realizar una juiciosa mezcla.

Ejemplo. En la natividad de Ada, la hija de lord Byron, encontramos a la Luna y a Marte en el ascendente y en el signo de ♈. La nativa será de estatura media, con el cuello bastante delgado, y sus ojos serán vivos y rápidos, y con una mirada muy resuelta. Tendrá las mejillas sonrosadas debido a Marte, incluso a pesar de que la Luna tienda a proporcionar una cierta palidez; y no me cabe la menor duda de que tendrá algún pequeño corte, marca o cicatriz en la cara.[15] Debido a Marte, tendrá el cabello bastante fuerte y de un tono rojizo, aunque la Luna también puede tender a modificar este hecho. El Sol está situado en la cúspide de la casa IX, formando un trígono con el ascendente y, Saturno, al estar a 9 grados de ♒, también forma un sextil con el ascendente. El Sol proporciona un cabello brillante y rubio, y Saturno, un cabello oscuro; el resultado es lo que yo denominaría un brillante tono dorado, tirando a rojizo. Las palabras de Ptolomeo son: «Marte, situado en el ascendente, otorga a la persona un tono bastante rubicundo, una gran estatura, unos ojos azules o grisáceos, un tipo robusto, y un crecimiento moderado del cabello». También afirma: «normalmente, la Luna suele otorgar una figura algo más proporcionada, así como mucho más delicada». Por lo tanto, he llegado a la conclusión de que esta persona es una mujer bien proporcio-

---

15. Después de que esta obra fuese publicada por primera vez, pude saber que tenía un gran lunar.

nada, elegante y de buen porte. En su carta astral hay una conjunción entre Venus y Júpiter; y he podido observar que ello suele dotar al nativo de unos hermosos ojos azules. Por lo tanto, esta persona tiene también unos ojos muy bonitos, y es un claro ejemplo del prototipo de belleza de la mujer inglesa. Su cabeza también posee la forma típica de las cabezas inglesas; ancha en la parte superior y con el contorno de la barbilla bastante similar al de la cara de un carnero, dado que ha nacido con el signo del carnero en el ascendente.

Regla para juzgar la mentalidad
Considere el signo ascendente y los planetas situados en el ascendente (en el caso de que haya alguno), así como aquellos que formen algún aspecto con el ascendente; pero lo que deberá tener en cuenta *principalmente* es a la Luna y a Mercurio; cómo están situados y cómo están *aspectados;* y recuerde que, antes de juzgar el efecto de cualquier planeta con respecto al ascendente, a la Luna o a Mercurio, primero deberá observar de qué forma se encuentra éste afectado a causa de los aspectos de otros planetas; dado que las reglas que aparecen en el capítulo «La naturaleza de los planetas» (pág. 28 y sigs.) se refieren éstos en su estado puro, sin tener en cuenta la mezcla provocada por la influencia de otros planetas. Todos los planetas *actúan* frente a aquellos a los que están aspectando, excepto la Luna y Mercurio, que son puramente pasivos. N. B. ☿ rige la inteligencia y la ☽ la sensibilidad.

Ejemplo. En la natividad de Ada, vemos que Marte está situado en el ascendente y en trígono con el Sol: esto, según las palabras de Ptolomeo, hace que sea «noble, impetuosa, irascible, belicosa, versátil y dotada de una gran inteligencia». El Sol, en trígono con Marte, «ayuda a aumentar la probidad, la diligencia, el honor y todas estas loables cualidades». El Sol, al estar en buen aspecto con el ascendente, provoca un cierto grado de orgullo, así como una gran dignidad. Marte tiene el paralelo zodiacal de Venus y Ptolomeo afirma que ello «hace que el nativo sea alegre, dócil, amistoso, complaciente, jovial, juguetón, franco; que disfrute de la música, del canto y de los bailes, que sea cariñoso, gran amante del arte y de las representaciones dramáticas, valiente, sensible, precavido y discreto; *con tendencia a encolerizarse con gran facilidad,* algo extravagante con sus gastos y bastante celoso». La Luna, al estar conjunta a Marte, hará que el nativo posea un carácter intrépido y emprendedor, lo cual todavía se hará más patente, puesto que este aspecto tiene lugar en el ascendente. El aspecto armónico del Sol también contribuye a ello proporcionando al nativo un espíritu indómito, el cual, si la ocasión lo requiere, podría llegar a convertir a la nativa en una auténtica heroína. No obstante, la Luna y el ascendente, al estar en un signo cardinal, aumentarán el carácter versátil de la nativa, «que será», afirma Ptolomeo, «muy propensa a los cambios». La característica más notable de esta natividad, en cuanto a lo que concierne a la situación de Mercurio, es su aspecto de trígono con la Luna, dado que los aspectos armónicos entre la Luna y Mercurio siempre reflejan una gran capacidad intelectual. Y, sin lugar a dudas, la nativa posee un gran talento. Otra prueba de ello es el hecho de que Mercurio se encuentre a bastantes grados de separación del Sol, puesto que cuando este planeta se encuentra a pocos grados del Sol (6 o 7), tiende a debilitarse bastante. Mercurio, conjunto a Urano, y la Luna en trígono con Urano, convierten a la nativa en una persona algo excéntrica y muy dada a emprender estudios poco comunes. El cercano paralelo zodiacal de Mercurio con Saturno tenderá a añadir seriedad al carácter de la nativa, y Ptolomeo dice que será «curiosa, locuaz, estudiosa, * * inclinada al misticismo, * * poco previsora, astuta, familiarizada con los negocios, de comprensión rápida, *irritable,* certera (en sus juicios), meditabunda y muy amante del trabajo». En resumen, ésta no se trata de ninguna natividad vulgar; la hija del gran lord Byron heredará gran parte de su maravillosa mente, y llegará a convertirse en una brillante estrella que destacará de entre lo mejor de la nobleza de Inglaterra.

La duración de la vida

Este punto debe ser juzgado antes que cualquier otro, siempre y cuando lo que estemos estudiando sea la natividad de un niño, dado que, si los cielos niegan la vida, los otros asuntos carecen de importancia. El hileg, al estar apoyado por planetas benéficos en conjunción, paralelo o aspectos armónicos, y al estar al mismo tiempo angular y libre de toda *aflicción,* es decir, de los aspectos inarmónicos o de los planetas maléficos, es la señal *principal* de que la vida prosiga; y además, dado que las luminarias y el ascendente están bien aspectados por los benéficos y también entre ellos mismos, y sin recibir aspectos inarmónicos por parte de los planetas maléficos, y con los planetas benéficos en los ángulos, la constitución será fuerte. Si el hileg, las luminarias y el ascendente están todos afligidos, los planetas maléficos angulares, con aspectos inarmónicos muy exactos, y el hileg no recibe apoyo por parte de los planetas benéficos, el niño morirá durante la infancia; si recibe algún apoyo, pero lo negativo supera lo positivo, entonces la constitución será muy débil y la primera serie de direcciones negativas la destruirá. El *último aspecto,* formado por el ☉ y la ☽, posee una gran importancia, y debe considerarse de forma muy positiva.

N. B. Antes de decidirse, debe sopesar muy bien todos los testimonios.

Ejemplo. En el tema natal de Ada, al estar el ☉ en la casa IX, es el hileg. Posee el aspecto mundano de sextil de Júpiter y Venus muy cerca, estando a unos 9° 21´ del ⚹ de ♃, y a unos 11° 14´ del de ♀. También posee una semicuadratura por parte de los planetas benéficos del zodíaco, los cuales tienden a fortalecer la constitución, puesto que cualquier aspecto de los planetas benéficos posee este efecto, aunque los aspectos armónicos todavía mucho más. Al estar los benéficos situados en ángulo, y conjuntos entre sí, son muy poderosos, incluso aunque su poder se vea algo disminuido al estar en aspecto de □ con Saturno. El Sol también está en *trígono* con la Luna, ya que la Luna está a 7° 2´ dentro del ascendente, y el Sol a 2° 31´ dentro de la casa IX, que son cuatro casas de diferencia y, por lo tanto, un aspecto de trígono. No hay nada más para fortalecer al Sol, y dado que éste tiene cerca un aspecto de □ por parte de ♄, estando alejado tan sólo de 7° 2´ y está a unos 9° 7´ de un paralelo hacia Saturno desde el meridiano, por movimiento profundo, y en el zodíaco forma una semicuadratura con Saturno y, además, está en paralelo zodiacal con Urano, que es maléfico, aunque no tanto como Saturno, podemos deducir que en esta natividad el hileg no será realmente demasiado fuerte. La malignidad de Saturno en cierta forma se ve mitigada al poseer éste un aspecto mundano de △ con los dos benéficos. En cuanto a la Luna y al ascendente, ambos están tan cerca que se pueden juzgar juntos. La presencia del Sol, formando un △ con ambos, ciertamente tiende a reforzar estos puntos; pero, al estar situado Marte en el ascendente y cerca de la Luna, y Saturno formando una semicuadratura de 5° 46´, y Mercurio y Urano cerca de la mitad de la casa VIII en sesquicuadratura con el ascendente, debilita sumamente a ambos. Lo negativo predomina claramente sobre lo positivo y (tal y como puede observarse en la tabla de direcciones), al haber muchas direcciones maléficas durante la infancia, tanto hacia el hileg (el Sol), como hacia la Luna y al ascendente, estoy convencido de que esta mujer tuvo una *salud realmente enfermiza durante su infancia*[16] *y de que no posee una constitución fuerte en absoluto;* por consiguiente, no cabe duda de que padecerá muchas enfermedades a lo largo de su vida, y de que no vivirá hasta una edad demasiado avanzada.

Heridas, lesiones y enfermedades
Tendremos que tomar en consideración al ascendente y a su opuesto, así como a los planetas afligiendo al hileg; y el juicio que emitamos deberemos deducirlo a través de sus características generales. Si la Luna se halla afligida por el Sol, el nativo será muy propenso a sufrir lesiones en los ojos, sobre todo si al mismo tiempo ésta también se encuentra afligida por los planetas maléficos y cerca de alguna estrella nebulosa como, por ejemplo, las Pléyades. Y si el ☉ es el hileg y se halla afectado por Saturno, al ser angular este planeta maléfico el nativo podría estar expuesto a morir de tuberculosis.[17] Si el ☉ se está poniendo en el momento del nacimiento y en el signo de Leo (en particular, cuando está formando una ☌ exacta con el *Asselli* a 6° de Leo) y se halla afligido por los planetas maléficos, el nativo será muy propenso a las lesiones provocadas por el *fuego;* y si, al mismo

---

16. Después de que esta obra fuese publicada por primera vez, me enteré de que éste era precisamente su caso.
17. Tal y como fue el caso con el joven Napoleón.

tiempo, la Luna también está afligida por Marte, y Marte está descendente, es más que probable que el nativo pueda llegar a morirse a causa de las quemaduras provocadas por el fuego. Observe que si tanto el ☉ como la ☽ se hallan afligidos en el ascendente o cerca de él, el nativo será muy propenso a las *heridas* o *lesiones* violentas; y si las luminarias o los planetas inarmónicos están situados en la casa VII o cerca de ésta, sobre todo cerca de la cúspide, entonces, sin lugar a dudas, el nativo sufrirá graves *enfermedades*.[18]

Ejemplo. En la natividad que hemos estado examinando, al estar la Luna situada en el ascendente y formando una conjunción exacta con Marte (sólo 1° 34´ de separación), considero muy probable que la nativa tienda a sufrir más de una lesión o de un accidente debido a algún golpe o corte en la cara; e incluso también es muy posible que deba someterse a alguna operación quirúrgica. El período durante el cual habrá más posibilidades de que esto ocurra, dependerá de las direcciones. Esta posición también la hace muy propensa a las encefalitis o dolencias así como a un aumento del flujo sanguíneo en la cabeza.[19]

Enfermedades mentales
Observe la posición de Mercurio, de la Luna y del ascendente. Si no guardan ninguna conexión entre sí y se hallan afligidos por Marte y Saturno, y estas maléficas estrellas están

---

18. Puesto que esta obra se limita a mostrar los elementos de la ciencia, aconsejo al estudiante que a este respecto y para más información, consulte a Ptolomeo (libro III, cap. 17).
19. Una vez publicada la primera edición de esta obra, llegó a mi conocimiento que la nativa había sufrido de esta última enfermedad cuando era niña.

situadas en los ángulos y sin ningún apoyo por parte de los planetas benéficos, entonces la persona nacida con tales características será propensa a sufrir ataques de epilepsia o desmayos, pudiendo llegar incluso hasta la locura. Si «ésta es la posición diurna de Saturno y nocturna de Marte», entonces tendrán lugar las enfermedades anteriormente citadas; pero «cuando Saturno domina de noche o Marte de día (sobre todo si está en Cáncer, Virgo o Piscis), entonces, las personas nacidas bajo tales circunstancias enloquecerán». (Véase Ptolomeo, libro III, cap. 19.)

Ejemplo. Jorge III nació el 4 de junio de 1738, a las 7 h 46 min. Marte estaba situado en la cúspide del meridiano, cuadrado al ascendente, y en cuadratura zodiacal con la Luna. Mercurio estaba conjunto a Saturno, y ni la Luna ni Mercurio formaban ningún aspecto con el ascendente, ni tampoco entre ellos. Bajo la influencia de direcciones negativas, este nativo de la realeza tendría que haberse vuelto *loco*, de acuerdo con las reglas de Ptolomeo; pero como ☿ estaba en aspecto de ✶ con ♃, ello tardó algo más en sucederle. La conjunción entre Venus y Mercurio también le sirvió de gran ayuda; pero, al estar con Saturno y en aplicación con una □ zodiacal de ♂, no pudo llegar a evitar totalmente la enfermedad.

Fortuna y riqueza

A este respecto deberemos considerar la posición de la rueda de la fortuna, del Sol y, sobre todo de la Luna, así como los aspectos que puedan recibir entre ellos. Si ocupan una buena posición, es decir angular, y se encuentran armónicamente aspectados con los benéficos y también entre ellos mismos, el nativo disfrutará de una *gran riqueza*. Si ocupan una posición cadente, están situados por debajo de la Tierra y se hallan afligidos por los aspectos de los planetas maléficos, sin recibir ningún apoyo por parte de los benéficos, el nativo siempre será pobre. Pero, si estas circunstancias se hallan entremezcladas, entonces el nativo poseerá una fortuna mediana.

El papel de Júpiter es sumamente importante a la hora de establecer la fortuna del sujeto. Si está junto a la ⊕ y en paralelo o buen aspecto con la Luna, y angular, el nativo atraerá la riqueza como un imán. Si está mal aspectado con la ☽, provocará pobreza a causa de sus extravagancias.

Si Saturno ocupa una posición fuerte dentro del tema y forma buenos aspectos (sin estar en conjunción o paralelo), proporcionará riquezas al nativo a través de la agricultura, la construcción... y, si ♃ apoya esta posición, también por medio de las herencias.

Marte, situado de esta misma forma, otorgará riquezas al nativo por medio de alguna ocupación militar. «Venus le proporcionará riquezas a través de las amistades, sobre todo femeninas, así como por medio de la dote de las viudas. Mercurio, por medio de las ciencias y del comercio.» Pero si ☿ se halla afligido por ♅, ello podría causarle pérdidas al nativo a causa de entidades públicas, de los escritos o por accidentes repentinos. La ☽, situada junto a ♃ en un ángulo, proporciona riquezas; pero junto a ♄, pobreza.

La fortuna de rango
«La disposición de las luminarias, y las respectivas familiaridades, ejercidas por las estrellas que las acompañan, deben ser consideradas como un indicativo del grado de rango o de dignidad» (Ptolomeo, libro IV, cap. 3). Además de esta regla, yo también tomo en consideración al medio cielo. Si las luminarias están bien situadas y armónicamente aspecta-

das, y hay estrellas benéficas en el medio cielo o acercándose a él, o en buen aspecto con este punto, y las luminarias están *bien aspectadas entre sí*, el nativo ocupará un rango elevado en este mundo. Si las luminarias ocupan una posición cadente y no están en buen aspecto entre ellas o con los planetas benéficos, y el meridiano tampoco recibe buenos aspectos de las luminarias o de los planetas benéficos, entonces el nativo jamás alcanzará la fama; y si ♄ afecta al meridiano, sufrirá muchas desgracias. Si Marte ocupa una posición prominente en el tema y está en buen aspecto con el meridiano y las luminarias, podrá alcanzar la fama gracias a una carrera militar. ♃ en el medio cielo, con el Sol y la Luna en ✶ entre ellos, y la Luna en △ con ♃, es una de las mejores posiciones para triunfar en la vida. Éste fue el caso de Arthur, duque de Wellington, quien, gracias al poder de las estrellas, llegó a ascender en la sociedad hasta alcanzar el más elevado de los rangos. Jamás he llegado a observar este hecho en ninguna otra natividad. Si ♃ se encuentra situado en la casa X y no está demasiado afligido, tan sólo hará que el nativo goce de una buena situación en el mundo. El estar aquí situado, en ✶ con la ☽ y la ⊕, condujo al trono a la reina Victoria. Si ♄ está situado en esta casa, y no se halla demasiado bien aspectado, aportará vergüenza y miseria al sujeto.

Características del empleo o profesión
El planeta situado más cerca del Sol, así como el que está en el medio cielo (o en aspecto con éste), sobre todo si guarda alguna relación con la Luna, es el que goza de una mayor influencia a este respecto. Cuando Mercurio es el único en gobernar, da lugar a escritores, viajantes, comerciantes...; y si está relacionado con Saturno, entonces hará que el sujeto

«tienda a dirigir los asuntos de los demás». Cuando Júpiter está aspectado con él, hace que el sujeto pueda convertirse en pintor, abogado... así como que pueda llegar a trabajar junto a personajes eminentes. Si el planeta regente es Venus, entonces el nativo podría convertirse en comerciante de vinos, tintes, colores, perfumes, medicamentos..., así como en comerciante de ropa o complementos. Si está aspectada con Saturno, hace que la persona tienda a realizar trabajos relacionados con las diversiones como, por ejemplo, actor, malabarista, etc. Si está aspectada con Júpiter, hará que el sujeto sea una persona muy inclinada a los trabajos relacionados con las exhibiciones en público, tal y como podría ser el sacerdocio, y en particular el caso de los obispos y sacerdotes de la Iglesia católica, en la que se brinda una atención especial a la indumentaria personal; y también podrían obtener sus ganancias a través de las mujeres. Cuando Marte es el único regente, hace que el sujeto se sienta inclinado a desempeñar una carrera militar, sobre todo en la marina, en el caso de que se encuentre en Cáncer o en Piscis. El Sol conjunto a Marte, cerca del medio cielo o en aspecto con él, hará que el sujeto tienda a tratar con fuego o con metales, esto último sobre todo si está situado en Tauro o en Leo. «Si Marte está separado del Sol, el nativo podría convertirse en constructor de barcos, herrero, agricultor, albañil, carpintero, labrador... Si, además de Marte, Saturno también ocupa una posición prominente dentro del tema, el sujeto podría llegar a ser marinero, trabajar en algún vivero, o en algún sótano, bajo tierra, etc., así como trabajar como pintor, ganadero, cocinero, carnicero...». Si Júpiter está conjunto a Marte, el nativo podría convertirse en soldado, posadero, recaudador de impuestos, mecánico... Si tanto Mercurio como Venus son los significadores del empleo, entonces el sujeto podría convertirse en músico, bailarín, poeta, tejedor o pintor, así como en escultor en el caso de que ♂ forme algún aspecto con ☿. Si Júpiter está relacionado con estos planetas, tenderá a convertir al sujeto en magistrado o en senador, así como en profesor de jóvenes.[20] Con Mercurio conjunto a Marte, el sujeto podría fabricar estatuas, así como convertirse en médico, boxeador, etc.

N. B. Si Mercurio es más poderoso que Marte, el sujeto podría convertirse en científico; pero si Marte es más poderoso que Mercurio, entonces será mucho más violento, o sus intenciones serán malvadas y poseerá una forma de actuar realmente cruel. Si Saturno forma una conjunción con ambos planetas, el sujeto podría convertirse en un ladrón (sobre todo si la Luna está mal aspectada con Mercurio) o en un estafador; y si la ☽ se halla mal aspectada con ♂, entonces también podría llegar a convertirse en un atracador, o incluso en un asesino. Si Júpiter está conjunto a ☿ y a ♂, el sujeto luchará por las causas justas y será muy trabajador. Si tanto Venus como Marte son los planetas significadores del empleo, entonces el nativo podría ser tintorero, trabajar el estaño, el plomo, el oro, la plata... así como vender medicinas, o incluso ser médico. Saturno, en aspecto con ellos, proporciona un gran espíritu de empresa y hace que el sujeto pueda convertirse en sepulturero, trabajar bajo tierra, etc. El aspecto de Júpiter con ambos planetas podría proteger al sujeto y hacer que éste goce de una situación en la que pueda dominar a las mujeres, por ejemplo, así como que pueda llegar a convertirse en portador de los santos oficios.

20. En particular cuando Libra está en el medio cielo y Mercurio está más cerca del ascendente que el Sol.

Si la ☽ está situada cerca del medio cielo, provocará muchos *cambios* de empleo o de profesión; y en Virgo o en Escorpio, tal y como afirma Ptolomeo (a los que podemos añadir Géminis y Piscis) y en aspecto con ☿ (sobre todo si ♀ está situada en el medio cielo), hará que el sujeto pueda convertirse en astrólogo.[21] Ello todavía será mucho más probable si Urano ocupa una posición prominente en el tema y forma algún aspecto con ☿, o incluso con la ☽.

♄ influye de una forma muy *especial* en todas aquellas profesiones relacionadas con la construcción, la arquitectura, la agricultura, o con el campo en general.

♃ facilita las ocupaciones lucrativas y honorables, así como aquellas relacionadas con la iglesia.

♂ influye en todas aquellas ocupaciones de tipo militar o naval, así como en aquellas profesiones en las que se utilice mucho el fuego o el hierro.

♀ influye en todas aquellas ocupaciones que tengan que ver con los adornos, con la decoración o con las diversiones.

☿ rige todas aquellas ocupaciones literarias o científicas, así como aquellas relacionadas con los viajes.

La ☽ acostumbra a provocar muchos *cambios,* y suele guardar una cierta conexión con el signo en el que esté situada.

El ☉ hace que el sujeto ocupe cargos públicos.

♅ proporciona empleos muy originales y que tienen muy poco que ver con los aspectos más comunes de la vida.

21. Debemos observar que Venus estaba en el medio cielo durante el nacimiento del último autor del Mensajero Profético, y el autor del Verdadero Mensajero Profético, y también del autor; la Luna, en todos estos casos está muy relacionada con Venus y Urano, y produce también otras afecciones similares.

Observación. Éstos no son más que toda una serie de elementos generales de la ciencia con respecto a este punto en concreto; y si el estudiante quiere profundizar en otras particularidades, deberá consultar a Ptolomeo (libro IV, cap. 4). En este punto me gustaría aconsejarle que se mostrase tolerante ante la diferencia del estado de la sociedad durante la cual escribió Ptolomeo, y que no confiase en las críticas modernas sobre este gran filósofo.

Matrimonio

Con respecto a los hombres, observe la Luna y Venus. Si la ☽ se encuentra situada entre el horizonte este y el meridiano, o en el cuadrante opuesto, hará que el sujeto se case muy joven, o si ya ha sobrepasado la edad, entonces se casará con una mujer mucho más joven que él. Pero, si por el contrario, ésta se halla situada en el otro cuarto de la figura, entonces se casará a una edad avanzada o con una mujer mucho mayor que él. Si está aspectada con Saturno, ello retrasará el matrimonio; y lo mismo sucederá si está situada a pocos grados del Sol o en aspecto inarmónico con él; si ambos hechos tienen lugar y, al mismo tiempo, la ☽ ocupa una posición occidental, entonces el sujeto jamás llegará a casarse. Si la ☽ ocupa una posición oriental, sobre todo si está angular y en aspecto con otros planetas importantes, y además está situada en ♓, ♐ o ♓, entonces el sujeto se casará más de una vez. Si, por aplicación, la ☽ forma algún aspecto con ♄, entonces la esposa será una persona muy seria y malhumorada; con ♃, tendrá una forma realmente agradable de comportarse y estará muy bien situada económicamente; con ♂, será intrépida y testaruda; con ♀, será alegre, atractiva y elegante; y, con ☿, será una mujer muy hábil e inteligente. Si ♀ está aspectada con ♃, ♄ o ☿, la mujer será previsora y se mostrará muy apegada a su familia. Si está aspectada con ♂, se comportará de forma inadecuada y poseerá un carácter violento, sobre todo si los aspectos son inarmónicos. Si la ☽ está en buen aspecto con el ☉, y el ☉ no se halla afligido, o si ♀ ocupa una posición prominente dentro del tema, el nativo se casará con una persona respetable y muy bien relacionada. Si en la casa VII hay algún planeta benéfico, el individuo (tanto sea hombre como mujer) será muy feliz en su matrimonio y, si por el contrario, los planetas situados en esta casa son maléficos, entonces sucederá todo lo contrario. Urano en la casa VII está considerado como maléfico, y si aflige a la Luna en una natividad masculina, o al Sol en una femenina, tenderá a destruir la felicidad conyugal. La descripción de la esposa se corresponderá bastante a la del planeta con el que la ☽ forme el aspecto más cercano, considerando también el signo en el que tenga lugar, tal y como expuse en mi edición del libro de Lilly *Astrología horaria*.* Pero también deberemos tener en cuenta el signo ocupado por la séptima casa. Según se suele decir, nadie se casa con una persona nacida bajo el mismo signo que uno mismo.

Con respecto a las mujeres, para el matrimonio deberemos observar el Sol, Venus y Marte. Si el ☉ ocupa una posición oriental, se casará pronto, o bien el hombre con el que se case será mucho más joven que ella, tal y como fue en el caso de la reina Victoria; si el ☉ ocupa una posición occidental, se casará muy tarde o con un hombre mucho mayor que ella. Si el Sol ocupa una posición angular y está aspectado con algunos planetas, sobre todo si éstos se hallan situados en ♊, ♐ o ♓, entonces la nativa contraerá más de un matrimonio. La combinación Saturno-Sol (sobre todo si es

---

* William Lilly, *Astrología horaria*, Ediciones Obelisco, Barcelona, 1999.

el ☉ el que forma el aspecto) hace que el esposo sea una persona muy estable, pero algo malhumorada; con Júpiter, el esposo será una persona honorable y de noble carácter; con Marte, será violento, rudo y poco sensible; con Venus, el esposo será muy afable y apuesto, y con Mercurio será muy hábil, inteligente y previsor. Si ♀ se halla conjunta a ♄ o en aspecto con él, el esposo será algo aburrido, pero muy trabajador; si el aspecto tiene lugar con ♃, entonces será justo y honesto; si tiene lugar con ♂, será muy rudo y con tendencia al adulterio; y si tiene lugar con ☿, entonces será muy hábil, pero excesivamente inclinado a los cambios. Si el ☉ o la ☽ aspectan a ♅, entonces el carácter de la mujer o del marido será muy excéntrico. Si el ☉ no forma ningún aspecto con Marte, y Marte ocupa una posición débil dentro del tema, a la nativa no le sentará demasiado bien el matrimonio; y si, al mismo tiempo, el ☉ también está mal aspectado con ♄, probablemente se quedará soltera. En cierto modo, la casa VII también nos describirá al marido. En el tema de la reina Victoria, encontramos a ♐ allí situado; y el príncipe Alberto era un atractivo ♐, aunque al tener a ♂ en ♈ y aspectando al ☉, en cierta forma es como si se convirtiese en ♈.

Ejemplo. En la carta astral de Ada, nos encontramos al ☉ en △ con ♂, siendo este planeta angular y ocupando una posición prominente dentro del tema; y esto es una prueba de que si la nativa vive, sin duda alguna contraerá matrimonio. Puesto que el ☉ ocupa una posición occidental y cadente, soy de la opinión de que no se casará demasiado pronto y de que, si lo hace, lo hará con un hombre mucho mayor que ella.[22] El ☉ no tiene más aspectos que el del △

---

22. Tras haberse publicado esta primera obra, se casó con un hombre once años mayor que ella.

con ♂, y, por ello, aun a pesar de estar en ♐, creo que nunca se casará más de una vez. El hecho de que ♂ sea el planeta al que se aplica el ☉, no inclina a tener un marido demasiado bueno; pero, puesto que tiene lugar una conjunción benéfica entre ♃ y ♀, en la casa VII, creo que el efecto negativo de Marte se verá mitigado y, además, como ♂ tiene el paralelo de declinación de ♀, la cual posee una gran fuerza dentro del tema, ya que ocupa una posición angular y además está conjunta a ♃, el marido de la nativa será un buen hombre, con buena predisposición hacia su esposa y muy enamorado de ella; pero también podría mostrarse bastante irreflexivo y, a veces, incluso algo irregular. ♂ en ♈ nos muestra a un hombre muy respetado, probablemente alguien que ocupe un elevado cargo militar.[23] Físicamente, será un hombre alto y apuesto, con el cabello rizado y de tez rubicunda; un hombre realmente noble y valeroso.

Hijos

Con respecto a este punto, deberemos considerar la casa X, la XI y sus opuestas. De no haber ningún planeta en la casa X o en la XI, deberá observar si hay alguno que forme algún aspecto con ellas o que esté situado en las casas IV o V, o bien en aspecto con ellas. La ☽ (sobre todo si está situada en ♓ o ♐, y angular), ♃ y ♀ hacen que el nativo tenga descendencia, mientras que el ☉, ♂ y ♄ suelen privar de ella al nativo o hacer que tenga muy poca. ☿ actúa de forma en que puede compartir la naturaleza de los tres anteriores o de los tres últimos; si es oriental, proporciona descendencia;

---

23. Se casó con lord King, de nombre Earl de Lovelace. Según la información de que dispongo, su descripción es bastante acertada.

si es occidental, no. Si existe alguna posibilidad de descendencia debido a otros planetas, aun a pesar de que ♂ o ♄ se encuentren situados en la V, sobre todo en el signo de ♌ o de ♍, el nativo perderá muchos hijos y tendrá muchos problemas con ellos. Si todos los planetas benéficos se encuentran situados en la casa V, el nativo obtendrá grandes satisfacciones gracias a los hijos.

Ejemplo. En el tema natal de la hija de lord Byron, encontramos a ♄ en la casa XI, y a ♂ en aspecto de □ con la cúspide de la casa V; ello nos indica que no habrá descendencia, pero, dado que tanto ♃ como ♀ están en ✶ con la casa X, podría dar a luz a algunos hijos; pero creo que difícilmente puede esperar tener más hijos que los que podría llegar a tener una persona que viviese hasta una edad adulta.[24]

Viajes

Debemos tomar en consideración a la Luna, Marte y a la rueda de la fortuna. Si todos, o la mayoría de ellos, están cadentes, el nativo viajará. Si la única que ocupa una posición cadente es la ⊕, entonces tendrán lugar muchos desplazamientos; pero la Luna es el principal significador de los desplazamientos y de los viajes.[25]

Ejemplos. En la natividad de la condesa de Lovelace, encontramos que el Sol está cadente en la novena casa, y la ⊕, también cadente, en la tercera y, por este motivo, he llegado a la conclusión de que, probablemente, realizará varios desplazamientos durante el transcurso de su vida, siendo

24. Dio a luz a un hijo cuando la Luna par. Venus D.D. tuvo lugar.
25. La Luna situada en Géminis o en Sagitario provoca muchos cambios y traslados, sobre todo si está en el ascendente o cerca del M.C.

muy propensa a los viajes. En el tema del célebre padre de esta joven, la Luna y Marte estaban cadentes y en la casa IX, mientras que el Sol estaba en casa III, y la ⊕ justo en el ángulo de la séptima casa; por todos es conocido que pasó una gran parte de su vida viajando.

Tipo de muerte

Si el ascendente y el hileg están bien aspectados, y si ♃, ♀, la ☽ o ☿ están bien aspectados y situados en la casa VIII, el sujeto fallecerá de muerte natural. Una muerte violenta o singular puede tener lugar cuando los planetas maléficos afectan tanto al ☉ como a la ☽ o, incluso tan sólo a uno de ellos y, al mismo tiempo, el ascendente también está afligido. En el caso de que haya algún planeta maléfico situado en la casa VIII, será un testimonio adicional de una muerte violenta; pero, si está allí situado y no tiene lugar ningún otro testimonio, entonces simplemente denotará una muerte dolorosa. ♄ provoca enfermedades largas y una muerte lenta, mientras que Marte suele provocar una muerte repentina.

Regla. La naturaleza de la muerte debe ser juzgada principalmente por medio de las direcciones, teniendo en cuenta que:

Saturno provoca todo tipo de enfermedades relacionadas con los resfriados: tos, fiebres, escalofríos, reumatismo, tuberculosis, hidropesía, y si tienen lugar síntomas más violentos, la muerte tendrá lugar a causa de algún golpe, de un desmayo, una asfixia... y esto último, sobre todo cuando está situado en el signo de ♏.

Júpiter causa la muerte por amigdalitis purulentas, infecciones de la sangre, problemas de hígado, enfermedades pulmonares, etc. Si la violencia acompaña a la muerte, ello podría deberse a la sentencia de un juez.

Marte provoca la muerte a causa de fiebres, heridas, esputos de sangre, erisipela, parto, etc. Y, si es debida a alguna causa violenta, entonces puede ser provocada por algún disparo o por una espada, así como a causa del *fuego* o por medio de un suicidio.

Venus causa la muerte por medio del cáncer, del escorbuto, de la disentería, de la diabetes o de un debilitamiento, así como a causa de las fístulas o de las enfermedades relacionadas con la gangrena. Y, si tiene lugar una muerte violenta, entonces podría deberse a un envenenamiento.

Mercurio provoca la muerte por medio de la locura, la melancolía, la epilepsia, la tos y las oclusiones. Si tiene lugar una muerte violenta, ésta podría venir provocada por algún accidente deportivo o por algún ladrón.

La Luna. Cuando el ascendente o el ☉ son el hileg, la Luna también tomará parte provocando una muerte relacionada con los enfriamientos o las enfermedades flemáticas y, si está situada en ♋, ♏ o ♓, entonces la muerte tendrá que ver con los ahogos.

El Sol. Éste influirá a la hora de la muerte a través de sus aspectos inarmónicos con respecto al ascendente o a la ☽, si se consideran hileg, y entonces actuará como Marte y, si está situado en *Leo* y otros testimonios así lo confirman, causará una muerte por FUEGO.

Observación. Los planetas benéficos no pueden provocar la muerte por sí mismos y, con frecuencia, incluso sus aspectos de □ o de ☍ suelen salvarle la vida al nativo cuando tienen lugar entre toda una serie de direcciones negativas. Pero si la influencia es demasiado poderosa como para ser evitada, o si los planetas están muy mal aspectados o son demasiado débiles como para superarla, entonces ayudarán a provocar la muerte de la forma anteriormente descrita. Urano no puede matar por sí mismo, pero sus aspectos inarmónicos influirán en la destrucción de la vida; y allí donde tengan lugar, no cabe duda de que provocarán algo fuera de lo común con respecto a la naturaleza de la muerte.

Regla. LA MUERTE SIEMPRE VIENE PROVOCADA POR TODA UNA SERIE DE DIRECCIONES NEGATIVAS HACIA EL HILEG Y HACIA OTROS PUNTOS VITALES. Y recuerde que si el *hileg* no se halla afligido, la *vida* no será destruida, por muy negativas que sean las direcciones y por mucho que puedan llegar a perjudicar la salud.

Ejemplo. En la natividad de Ada, nos encontramos a la Luna conjunta a Marte, en el ángulo ascendente; y al Sol (hileg) en aplicación a un paralelo de Saturno; por ello, podemos llegar a la conclusión de que seguramente, con el tiempo, la nativa morirá debido a alguna enfermedad provocada por las *fiebres;* y aunque éstas pudieran llegar a matarla de forma repentina (♅ situado en casa VIII), sin embargo, más bien me inclino a pensar que se deberán a causas naturales. Tampoco cabe descartar que la posición de Mercurio en la octava casa (contando con la declinación de Saturno y, en consecuencia, compartiendo su naturaleza maléfica) podría provocar la enfermedad por medio de un grave resfriado o de una fuerte tos, pudiendo llegar incluso a padecer de *delirium tremens.* N. B. La naturaleza de este juicio posee un carácter *general,* y de acuerdo con las reglas, deberemos observar las direcciones que estén actuando durante el período fatal.

Cómo juzgar el efecto de las direcciones

Regla. CONSIDERE cuidadosamente la naturaleza del planeta que emite el aspecto, así como la forma en la que estaba situado en el momento del nacimiento con respecto a los demás planetas, y observe cuáles son las direcciones que se están aproximando durante ese mismo tiempo. Y, entonces, juzgue su efecto de acuerdo con la situación en la vida del nativo.

Saturno. Cuando *Saturno* forma un aspecto inarmónico con el ascendente, causa enfermedades provocadas por el frío, así como problemas pulmonares; en un signo de agua, hay peligro por ahogos, hidropesía... en un signo de fuego o de aire, peligro de caídas, golpes, etc; en un signo de tierra, accidentes a causa de aplastamientos o magulladuras, o posibilidad de ser enterrado vivo. Sus aspectos inarmónicos hacia el M.C. tienden a perjudicar los asuntos del nativo debido a la muerte de alguna de sus relaciones, a las injusticias cometidas por personas de edad avanzada, así como a causa de una tendencia generalizada hacia las desgracias, los problemas y el infortunio. Sus aspectos inarmónicos con el Sol producen unos efectos muy similares y perjudicarán enormemente al *padre* del nativo; habrá problemas con las personas que ostentan algún poder, así como en las relaciones en general y, en particular, con su padre. En el caso de la Luna, la salud del nativo se verá extremadamente perjudicada y tendrá muchas preocupaciones; los asuntos le funcionarán muy mal y, por regla general, será una persona bastante desgraciada y poco popular. Los aspectos inarmónicos hacia la ⊕ provocan pérdidas de propiedades por distintas causas, a menudo imperceptibles. El △ o ✶ de Saturno hacia el ascendente o hacia la ☽, convierten al nativo en una persona muy seria y constante, y estos aspectos hacia cualquiera de los cinco moderadores (es decir, el ☉, la ☽, la ⊕, el ascendente y el M.C.) le producirán grandes beneficios gracias a las personas de edad avanzada, así como por herencias o similares, y también a través de las tierras y propiedades, o de las personas y cosas relacionadas con Saturno.

Júpiter. Los aspectos armónicos dirigidos hacia cualquiera de los moderadores incrementan la prosperidad y favorecen la riqueza, las nuevas amistades, los empleos honorables, el nacimiento de hijos, así como su asentamiento en la vida, y aumentan enormemente la salud[26] y también la felicidad del sujeto. Este planeta nunca es significador de *matrimonio.* La *semicuadratura,* ▢, ☍ *o sesquicuadratura* provocarán peleas con los clérigos, los magistrados, los patrones, etc. así como pérdidas en el comercio, en los viajes... Pero, a no ser que ♃ se halle extremadamente mal aspectado en el momento del nacimiento, los aspectos inarmónicos de sus direcciones jamás llegarán a afectar al sujeto de forma permanente.

Marte. Sus aspectos inarmónicos causan accidentes provocados por el fuego, las armas de fuego, los cortes, los golpes, las heridas de animales... También suelen provocar enfermedades violentas, sobre todo si afectan al hileg, así como la muerte de conocidos, etc. En los signos de aire, suelen provocar caídas; en los signos de fuego, fiebres y

---

26. La rueda de la fortuna no afecta a la salud.

heridas causadas por armas de fuego; en los de tierra, enfermedades perniciosas, y en los signos de agua, flujos, escaldaduras, peligro a causa del agua y también inflamaciones. Causa pérdidas por medio de los ladrones, de los fraudes, etc.; y también puede llegar a perjudicar al nativo por medio de los militares o de las personas de poder. Sin embargo, aunque su *conjunción* con el ☉ pueda ser considerada como un aspecto *maléfico,* algunas veces (si éste se halla bien aspectado de nacimiento) y el aspecto tiene lugar con el *medio cielo,* podría otorgar honores militares y éxito en los negocios o en la profesión del nativo. Su ✶ o △ suelen otorgar empleos militares y ascensos, el nacimiento de hijos (generalmente niños), viajes y éxito en el comercio y en los empleos, en especial como cirujano, químico o trabajador del metal. A menudo, en una natividad femenina, sus aspectos armónicos suelen favorecer el matrimonio, excepto aquellos dirigidos hacia la ⊕, que únicamente sirven para incrementar la riqueza.

El Sol. La forma de actuar del Sol puede ser considerada entre la de Júpiter y la de Marte. Si forma una ☌ con el ascendente, estando bien aspectado de nacimiento, podría otorgar fama y buena reputación, y el nativo tendrá mucho éxito en todos aquellos asuntos relacionados con las personas con poder. Si está mal aspectado, podría provocar enfermedades en la cabeza; y si está situado en un signo de fuego, o si el Sol se halla afligido por Marte, entonces, provocará fiebres. La ☌ con el M.C., si está bien aspectado de nacimiento, aportará honores; pero si está en conjunción con Marte, también de nacimiento, probablemente cause algunos problemas. El ☉, formando una ☌ con la ☽, provocará muchos viajes; y si la ☽ está bien situada, otorgará algunos ascensos; pero si no es así, entonces provocará enfermedades, en especial humores en la cabeza, enfermedades en los ojos, etc. Con frecuencia, el nativo suele contraer matrimonio durante esta dirección, sobre todo si otros factores indicadores del matrimonio así lo señalan. Pero, como normalmente ésta suele hacer que el sujeto se vuelva inconstante y extravagante, dicho matrimonio no acostumbra a ser demasiado afortunado, a no ser que la ☽ esté muy bien situada de nacimiento. Los aspectos armónicos del Sol hacia el ascendente, el *M.C.*, la ☽ o la ⊕, así como la llegada, por dirección, hacia su propio ✶, otorga beneficios, ascensos, incremento de las riquezas, *matrimonio*,[27] hijos, etc. Si está bien situado y aspectado de nacimiento, la vuelta a su propia declinación también le aportará beneficios, éxito... Sus aspectos inarmónicos causarán enfermedades, desgracias, pérdida de amigos, muerte de las relaciones, así como otros muchos percances. La llegada a su propia semicuadratura será maléfica, y su propia cuadratura aún lo será mucho más.

Venus. Sus aspectos armónicos favorecen la salud y proporcionan una natural inclinación hacia los placeres de la vida y las diversiones. Otorga beneficios a través de las mujeres, del matrimonio, del nacimiento de los hijos, del asentamiento de éstos en la vida, etc. Sus aspectos inarmónicos causan trastornos a causa de las mujeres y de una vida disoluta, provocando enfermedades, deshonra, decepción en el matrimonio, calumnias y muchas otras

27. La fortuna tan sólo produce riqueza.

vejaciones. Si entre la serie de direcciones que causan la muerte tiene lugar una □ o una ☍ de Venus, y ésta es inarmónica de nacimiento, ello podría hacer que el nativo resultase envenenado. En algunas ocasiones, el M.C. ☍ a ♀ puede inducir al matrimonio, pero éste tenderá a ser precipitado y estar lleno de problemas.

Mercurio. Los aspectos armónicos favorecen los viajes, los traslados, la actividad en los negocios, así como el éxito en los pleitos. También producirán satisfacciones por medio de los hijos, o de los jóvenes, y favorecerán las ocupaciones relacionadas con la literatura: escritores, vendedores de libros, así como el éxito y la fama a través de los escritos. Sus aspectos inarmónicos causarán problemas similares, así como fraudes por parte de los jóvenes, los sirvientes, etc. Hay que observar muy de cerca la situación de ☿ en el momento del nacimiento, sobre todo con respecto a aquellos planetas con los que está en paralelo zodiacal, puesto que comparte en gran medida la naturaleza de aquellos planetas con los que se haya vinculado por aspecto o declinación, y actuará en consecuencia con ellos. Si es maléfico de nacimiento y forma una ☌ o un aspecto inarmónico con la ☽ o el hileg, con frecuencia acostumbrará a causar trastornos mentales, epilepsia, etc.

La Luna. Por regla general, sus aspectos armónicos hacia el ascendente o el M.C. suelen provocar cambios positivos en la vida, así como largos viajes, desplazamientos, traslados, etc.; hacia el Sol, proporcionan honores, emolumentos, empleos muy rentables, favores por parte de gente importante y favorecen el matrimonio; hacia la ⊕, indican lo mismo, así como beneficios por parte de mujeres relacionadas con el mar, etc.; hacia su propio ✶ o paralelo, tanto a nivel mundano como zodiacal, lo mismo; pero estos últimos dependerán de su condición. Sus aspectos inarmónicos indican exactamente lo contrario, y si estos tienen lugar con el hileg, provocarán enfermedades hidrópicas o causadas por el frío; si tienen lugar en un signo de agua, causarán peligro por el agua. Su ♂ con el ☉ provocará fiebres, siempre y cuando éste ocupe una posición maléfica de nacimiento y la Luna sea el hileg. El sujeto será muy inestable y tenderá a los cambios y a los viajes, así como a sufrir grandes pérdidas y vejaciones, si el Sol ocupa una posición inarmónica; también causará enfermedades en los ojos, siempre y cuando esté cerca de las Pléyades, de Hyades o de otras estrellas fijas. Si el Sol está situado armónicamente, favorecerá el matrimonio, los ascensos y los viajes provechosos.

Urano. Este planeta todavía no ha sido del todo comprendido. Su conjunción, paralelos o aspectos inarmónicos suelen producir efectos muy negativos, generalmente inesperados, repentinos o poco comunes, aunque en menor medida que los de Saturno o Marte. Sus aspectos armónicos producen beneficios de esta misma forma. Este planeta puede provocar beneficios o problemas por medio de figuras públicas, escritores, etc.

Sobre los aspectos mundanos y las direcciones

Algunos astrólogos modernos se cuestionan la realidad de los aspectos mundanos. Pero esto es algo que tan sólo puede surgir a causa de la falta de experiencia, combinada junto con las dificultades procedentes de las natividades rectificadas de forma incorrecta. Me gustaría aconsejar a todos estos escépticos que consultasen la natividad de ELIZABETH DE CLARENCE, nacida el 10 de diciembre de 1820, a las 17 h 5 min, y la considerasen como ejemplo del efecto de los aspectos *mundanos*. Falleció a la edad de cuatro meses, el 4 de marzo de 1821. En la partida de nacimiento figuraba el momento del nacimiento; y, tal y como podemos observar, no existe ningún aspecto zodiacal a tener en cuenta con respecto a la muerte, contando el hileg tan sólo con la semicuadratura de ♄. Pero tienen lugar las cuadraturas *mundanas* de ♅, ♂ y el ☉, este último entre tres grados, y siendo extremadamente maléfico por estar cerca de una ☌ con ♂ y formando una sesquicuadratura *mundana* con ♄.

Las distintas posiciones de los planetas con respecto a lo que concierne a la distancia entre ellos dentro de las doce casas, produce este tipo de aspectos, los cuales son extremadamente poderosos en cuanto a su forma de actuar. Si tienen lugar en el momento del nacimiento, afectarán al nativo durante todo el transcurso de su vida; si tienen lugar más adelante, influirán en él durante algunas semanas (a veces incluso meses), en esos períodos de la vida durante los cuales se prolonguen.

Un ✶ *mundano* tiene lugar cuando dos planetas están separados por dos casas. Por ejemplo, el ☉ en el meridiano, al mediodía, y ♃ en la cúspide de la octava, forman un ✶ mundano. Si el ☉ está situado en cúspide de IX y ♃ en la casa VII, cuando alcance la cúspide de la VII, habiendo llegado por dirección al ✶ del ☉; y, si en el momento del nacimiento, ♃ está justo por debajo de la séptima casa y el ☉ en la novena, entonces cuando llegue a la misma distancia por debajo, o pasada la casa IX (en proporción a su semiarco comparado con el semiarco de ♃) también habrá llegado al ✶ de ♃.

Una ☐ *mundana* es la distancia entre tres casas. Por ejemplo, si la ☽ se está elevando al mediodía, o a medianoche, cuando el ☉ está situado en el meridiano, formará una ☐ mundana, ya que estará separado por tres casas; lo mismo sucederá si, en esos momentos, la ☽ se está poniendo.

Ejemplo. En la natividad de Ada, encontramos a ♅ situado a muy poca distancia del exterior de la cúspide de la casa IX, y a ♄ situado a muy poca distancia de la casa XII; por ello, se puede decir que casi están formando una ☐ mundana; y puesto que se trata de un aspecto inarmónico, podemos afirmar que ambos planetas aumentan mutuamente su maldad.

Un △ *mundano* tiene lugar siempre que existen cuatro casas de separación entre uno y otro planeta. Por ejemplo, en el tema natal de Ada, al estar el ☉ situado muy cerca de la cúspide de la casa IX, y la Luna cerca de la casa I (es decir, a cuatro casas de separación), podemos decir que las luminarias están formando un △ mundano entre ellas. El efecto de este aspecto es muy beneficioso y afortunado, y protege tanto el honor como el carácter del nativo.

Una ☍ *mundana* tiene lugar cuando existen seis casas de separación entre ambos planetas. Por ejemplo, cuando una estrella se está elevando y otra se está poniendo es porque están formando una oposición mundana.

Una *semicuadratura mundana* tiene lugar cuando los planetas están a una casa y media de separación.

Una *sesquicuadratura mundana* tiene lugar cuando los planetas están situados a cuatro casas y media de separación.

Un *quintil mundano* es un quinto de los dos tercios del semiarco del planeta que dirige más que el ✶.

Un *biquintil mundano* es una décima parte del semiarco del planeta más que la sesquicuadratura.

Observación. Estos aspectos mundanos están todos medidos por los semiarcos de los planetas; por lo tanto:
Una *semicuadratura* es la mitad del semiarco de un planeta.
Un ✶ son los dos tercios de lo mismo.
Una ☐ es un semiarco completo.
Un △ es igual a un semiarco y un tercio.
Una *sesquicuadratura* es igual a un semiarco y medio.

Y observe que, siempre que un aspecto es medido entre dos planetas, cualquier otro aspecto puede ser averiguado, si también cae en el mismo hemisferio, tomando simplemente la proporción relativa del semiarco del planeta a ser dirigido. Por ello, si conocemos la distancia entre dos planetas, es decir, el arco de dirección a la *conjunción;* entonces, la mitad del semiarco del planeta dirigido, añadido a esto, nos dará el arco de dirección hacia la *semicuadratura;* añadiendo a esto una *sexta* parte del semiarco, obtendremos el arco de dirección hacia el ✶: *un tercio más* del semiarco nos proporcionará la ☐, y otro *tercio*, el △; al que deberá añadir *un sexto* para conseguir la *sesquicuadratura.*

N. B. Si el planeta dirigido pasase el horizonte al formar cualquiera de estos aspectos, es decir, si el arco de dirección fuese más largo que la distancia del planeta desde el horizonte, entonces su otro semiarco debería ser utilizado para aquellos aspectos que caigan más allá del horizonte. Habrá que tener muchísimo cuidado para evitar errores y no tomar el semiarco equivocado: esto se puede hacer observando que si el aspecto cae más arriba de la tierra, debemos adoptar el arco semidiurno; y si cae más abajo de la tierra, entonces el que debemos tomar es el arco seminocturno *del planeta dirigido*.

Sobre los paralelos mundanos

Sus efectos son tan importantes como los de cualquier otro aspecto mundano, tanto de nacimiento como por dirección. Consisten en distancias proporcionales, iguales, desde el meridiano; es decir, que si dos estrellas, con los mismos semiarcos, están a la misma distancia desde el meridiano en las caras opuestas, entonces están formando un paralelo mundano.

Ejemplo. Si el semiarco del ☉ es de 60°, y está a 20° de distancia del meridiano, mientras que la ☽ forma también un semiarco de 60°, estando a 20° de distancia del meridiano, entonces están en paralelo mundano. Sin embargo, si el ☉ está así situado, mientras que la ☽ tiene el semiarco de 120°, o el doble que el del ☉, necesitará estar a 40° de distancia del meridiano, o doblar la distancia del ☉ para poder formar un paralelo mundano con éste.

Ejemplo. En la natividad de Ada, ♄ está situado en la casa XI, a una distancia de 37° 55´ del meridiano, siendo su semiarco de 64° 24´. El Sol está en casa IX, acercándose a una distancia paralela desde el meridiano con Saturno; el ☉ tiene el semiarco de 57° 53´, que es menor que el de ♄; por ello, cuando el Sol esté a una distancia de 34° 5´ desde el meridiano, formará un aspecto mundano con ♄, porque el semiarco del ☉ cuenta con *la misma proporción* de 34° 5´ que la que tiene el semiarco de ♄ desde el meridiano, que es de 37° 55´.

Sobre la rueda de la fortuna

Sea cual sea la distancia que exista entre el Sol y la Luna (medida por ascensión oblicua), así de lejos se encontrará la rueda de la fortuna del ascendente. Por ello, si en el momento del nacimiento, el ☉ está exactamente situado en el ascendente, el lugar ocupado por la ⊕ será exactamente aquel en el que se encontraba la Luna en ese momento; por ello, para encontrar la ascensión correcta de la ⊕, deberá observar lo siguiente:

Regla. Añada 90° a la ascensión directa del M.C. y esto dará la ascensión oblicua del ascendente. De la ascensión oblicua del ascendente, reste la ascensión oblicua del Sol (habiendo añadido primero 360° al anterior, si es menor que el último); añada la ascensión directa de la ☽ al resto: la suma será la ascensión directa de la ⊕.

Ejemplo. En la natividad de Ada,

la A.D. del M.C. es	273° 22
a la que debe añadir	90 0
Asc. oblicua del ascendente	363 22
Reste la asc. oblicua del ☉	288 42
Resto	74 40
Al que deberá añadir la A.D. de la ☽	7 15
Y ello dará la A.D. de la ⊕	81 55

Cómo encontrar la posición de la rueda de la fortuna en el tema del nacimiento
Regla. Encuentre su distancia desde el meridiano más cercano, teniendo en mente que la ⊕ siempre está bajo el horizonte antes de la Luna Llena, en cuyo momento está en la

cúspide de la casa VII[28] y que, después de la Luna Llena, siempre está por encima del horizonte.

Ejemplo. En la natividad de Ada, la ⊕ se halla situada bajo el horizonte, porque la ☾ todavía no está totalmente llena. La A.D. del meridiano por debajo de la tierra es de 93° 22´, de la que si extraemos la A.D. de la ⊕, es decir, 81° 55´, el resto nos dará 11° 27´, es decir, la distancia de la ⊕ desde el meridiano, la cual, puesto que no llega a *un tercio* del semiarco de la ⊕ (93° 9´) nos muestra que la ⊕ está situada en la casa III.

N. B. El semiarco de la ⊕ siempre es el de la Luna, cuando ambos están situados tanto por encima como por debajo del horizonte; pero si uno de ellos está por encima del horizonte y el otro por debajo, entonces la ⊕ tendrá el semiarco opuesto al de la ☾, que podemos encontrar restando el semiarco de la ☾ de 180 grados.

Observación. Wilson, en su *Dictionary of Astrology* (Diccionario de Astrología), pág. 306, afirma que la rueda de la fortuna «en realidad no es más que un fantasma salido del imaginativo cerebro de Ptolomeo, la cual, además, no posee ningún tipo de influencia». Ciertamente, debo declarar mi desacuerdo con esta máxima ya que, a través de la experiencia, he podido comprobar que, si se calcula de la forma correcta, es decir, tal y como he explicado aquí, y las direcciones también están bien calculadas y no se establecen *falsas* direcciones (tales como los aspectos en el zodíaco, que no se aplican a la ⊕), sus efectos serán realmente considerables. Respeto al señor Wilson como amigo de la verdad; pero creo que, en algunas ocasiones, al tratar la astrología se ha preocupado excesivamente de la razón y demasiado poco

---

28. Si la Luna no tiene latitud.

de la experiencia. Es cierto que no podemos *explicar la influencia* de la ⊕, del mismo modo que tampoco podemos explicar la de cualquier otro planeta, pero debemos recordar que «dos cuerpos, situados a una distancia determinada, se pondrán en movimiento por medio de la fuerza de la atracción; la cual, aunque podamos considerarla como inexplicable, nos resulta evidente por medio de la experiencia, y así debe ser considerada como principio en la filosofía natural».

Éstas son las palabras del gran Locke; y justifican nuestra fe en la influencia de la ⊕, ya que resulta evidente «*a través de la experiencia»,* aunque realmente resulte «inexplicable» a través de la razón, en nuestro actual estado de conocimiento.

Sobre el hileg y los puntos hilegíacos

Ante todo, el *hileg,* o dador de vida, siempre es el ☉, si se encuentra situado en un punto hilegíaco; en segundo lugar, la ☽, en el caso de que ésta se encuentre en un lugar hilegíaco y el ☉ no. Y, por último, cuando ninguna de las luminarias está situada en un lugar hilegíaco, entonces el grado ascendente se convierte en hileg. Los *puntos hilegíacos* van desde los 5 grados por encima del horizonte ascendente hasta los 25 grados por debajo, medidos por ascensión oblicua; también desde la mitad entre el ascendente y el medio cielo hasta 5 grados por encima de la cúspide de la novena casa; y finalmente, desde 5 grados por debajo de la octava casa hasta 5 grados por debajo del descendente o séptima casa.

N. B. Siempre que el ascendente o la ☽ reciban algún aspecto inarmónico por dirección, la salud se verá seriamente afectada, tanto si es hileg como si no. Y si la Luna está por encima de los 5 grados exactos de cualquier casa hilegíaca, aunque sea a poca distancia, podrá causar un gran peligro; y, si al mismo tiempo, el hileg también se encuentra afectado, aunque tan sólo sea ligeramente, el nativo tendrá muchas posibilidades de morir. Se ha dicho que si la ⊕ ocupa un punto hilegíaco cuando ninguna de las luminarias está así situada, entonces se convierte en hileg. Todavía no he podido confirmar esta teoría a través de mi propia experiencia; tampoco la he dirigido como hileg porque hasta ahora he observado que sus principales efectos se veían reflejados en las circunstancias pecuniarias del nativo. Lilly, hablando sobre las direcciones hacia la ⊕, dice que «a través de éstas se puede comprobar el estado de riqueza y de las fluctuaciones económicas del sujeto». Y creo que los efectos de la ⊕ deberían limitarse a estos aspectos, aunque también puedan llegar a afectar a los asuntos familiares del nativo.

N. B. El planeta que esté en ♂ con la ⊕ influirá en gran medida en la *naturaleza* de las propiedades del nativo, la cual estará muy relacionada con el carácter de dicho planeta.

La gramática de la astrología

Libro II

Direcciones zodiacales

Únicamente el ☉, la ☽, el ascendente y el medio cielo pueden ser dirigidos en el zodíaco.[1] El principio sobre el cual deben establecerse estas direcciones es el de la sustracción de la ascensión oblicua de cualquiera de los tres primeros, tomada bajo su propio polo, desde la ascensión oblicua del lugar del aspecto tomada bajo el mismo polo.

El polo del ☉ o de la ☽ es una cierta elevación que poseen desde el meridiano con respecto al horizonte; por lo tanto, si están exactamente en el meridiano no tienen polo, y el arco de dirección debe ser hallado por ascensión directa: por ello, incluso el mismo medio cielo, al no tener polo, tan sólo puede ser dirigido por ascensión directa. Si el ☉ o la ☽ están exactamente en el horizonte, poseerán la elevación polar del horizonte mismo, la cual es siempre la de la *latitud*

---

1. Algunos artistas modernos, como Placidus, discuten sobre el poder de los ángulos así dirigidos. Personalmente, he tenido innumerables pruebas de su existencia.

del país. El ascendente, cuando es dirigido en el zodíaco, siempre debe ser dirigido bajo el polo, o latitud, del lugar de nacimiento.

Al haber algunas diferencias de opinión con respecto a la forma de calcular los polos, considero apropiado explicar la naturaleza del polo de una estrella, o casa. Si examinamos el horizonte de cualquier lugar del ecuador, encontraremos allí los polos del cielo y en línea con los polos de la Tierra. Pero si ahora dejamos el ecuador y nos dirigimos hacia cualquier polo de la Tierra, alcanzaremos necesariamente este polo de los cielos por medio de un arco exactamente igual a la extensión de la latitud a la que llegamos desde el ecuador. Si, por consiguiente, queremos encontrar la latitud de Londres 51° 32´ N, nos daremos cuenta de que el polo norte del cielo se ha *elevado* por encima del horizonte por un arco exactamente igual a esta latitud. Por ello diremos que *la elevación del polo del horizonte, o 1ª casa, es la latitud del país.* Si alcanzamos 90° de latitud, o el polo de la Tierra, deberemos elevar el polo de los cielos a nuestro cenit.

Los círculos de latitud son *pequeños círculos de la esfera* que tienen sus planos en paralelo con el plano del *ecuador.* Y los CÍRCULOS DE POSICIÓN de todos los cuerpos entre el meridiano y el horizonte son análogos a estos círculos de latitud, siendo *pequeños círculos de la esfera,* con sus planos en paralelo con el plano del *meridiano.* El *círculo de posición* de un planeta, etc. tiene un cierto punto en el que tanto éste como el polo del planeta cruzan el ecuador. Podemos encontrarlo por medio de la siguiente analogía:

Tal y como el semiarco del planeta
equivale a 90° del ecuador,
así será la distancia meridional del planeta

hasta la distancia en ascensión directa de su *círculo de posición* desde el meridiano.

Una vez encontrada la distancia del *círculo de posición* desde el meridiano, tan sólo nos faltará encontrar la diferencia entre ésta y la distancia del propio planeta, y obtendremos la *diferencia ascensional* del planeta *bajo su propio polo*. Entonces, para descubrir la ELEVACIÓN POLAR del planeta, etc. deberemos decir:
Tal y como rad. seno 90°
es al co. tang. de declin.
así será el seno de la dif. ascensional
a la tang. del polo.

Observe aquí que la *diferencia ascensional* de cualquier lugar en una latitud determinada (o elevación polar) es exactamente aquella que tiene cualquier *cuerpo* tal y como determina su distancia desde el meridiano. En ambos casos, la diferencia *ascensional es* la diferencia entre la ascensión directa y la *oblicua*. Por ello, la proporción de la diferencia ascensional de las estrellas, en relación con su semiarco, debe ser restada para encontrar su elevación polar.

Para conocer la diferencia ascensional (como por ejemplo la del Sol, con una declinación de 23° 28´ en la latitud de Londres), decimos:

Como rad. seno 90°	10,00000
Es a la tang. 23° 28´	9,63761
Así la tang. lat. 51° 32´	10,09991
Es a la dif. asc del seno 33° 7´	9,73752

Entonces, suponga que el Sol está a un tercio de su distancia desde el meridiano hasta el horizonte por debajo del meridiano, y queremos conocer su *elevación polar*, es decir,

Como rad seno 90°..................... 10,00000
Es a la co. tang. 23° 28´ 10,36239
Así el seno de 1/3 de 33° 7´ = 11° 2´ 20´´ 9,28211
Es a la tang. del polo del Sol 23° 48´ 9,64450

Éste es el polo de las casas XI y IX en la latitud de Londres, siendo cada una un tercio de la distancia desde el meridiano hasta el horizonte. Para demostrar que es correcta, tan sólo debemos buscar la diferencia ascensional en la latitud de 23° 48´; es decir:

Como rad. seno 90° 10,00000
Es al la co. tang. dec. 23° 28´ 9,63761
Así tang. polo 23° 48´ 9,64450
Es al seno asc. dif. 11° 2´ 20´´ 9,28211

A través de estas fórmulas puede conseguir calcular los polos de las casas (tal y como fueron divididos por el inmortal Ptolomeo, y demostrados por Placidus). Siempre se ha afirmado que han estado estrechamente relacionadas con los acontecimientos de la naturaleza, puesto que se hallan vinculadas a los verdaderos principios de la geometría.

Observación. El lugar del aspecto, o del promotor, debe ser tomado *sin latitud* en todas las direcciones del zodíaco, excepto en el caso de la ☽; porque cuando la ☽ es dirigida hacia cualquier punto, la latitud que tenga cuando llegue a ese punto, primero deberá ser comprobada.[2] Si la ☽ es dirigida hacia la conjunción con cualquier planeta, y cuando lle-

---

2. Partridge dirigía la ☽ también en seno latitudinal, pero dudo del poder de tales direcciones.

gue a la longitud de ese punto debe tener mayor latitud de una naturaleza opuesta a la del planeta, de forma en que haya 6 o más grados de diferencia de latitud entre ellos, la dirección tendrá muy poca, o ninguna influencia. Si, por ejemplo, ♀ tiene 5 grados latitud *norte,* y la ☽, cuando forma una ☌ con ♀, tiene una latitud *sur* de 5 grados, entonces la ☌ carecerá de poder. Sin embargo, si tiene lugar una ☍, entonces, el lugar *opuesto* exacto de ♀ tendrá 5 grados de latitud *contraria,* y el aspecto (si la ☽ tiene una latitud 5° sur y ♀ una latitud 5° norte) será perfecto. Por ello, debemos observar que, si al llegar a una ☍, la ☽ tiene una extensiva latitud del *mismo* nombre que el planeta, la dirección es débil.

Cómo dirigir al ☉ hacia cualquier aspecto del zodíaco, exceptuando a un paralelo

A. En primer lugar, deberá encontrar la elevación polar del ☉ desde el meridiano por medio de la analogía que aparecía en el capítulo anterior.

Ejemplo. En la natividad de Ada (de la que vamos a sacar todos nuestros ejemplos), el semiarco del ☉ es de 57° 53, y la distancia meridional del ☉, de 16° 47´.

1°. Añada el complemento aritmético del logaritmo
 proporcional del semiarco del ☉ 9,5073
 Al logaritmo proporcional de 90° 3010
 Y el logaritmo proporcional
 de la distancia meridional 1,0304
 Total 10,8387

La suma es el logaritmo proporcional de la diferencia
de su círculo y el del meridiano .... 26° 2´
2°. Reste la distancia meridional del ☉ 16 47
La diferencia es la diferencia ascensional
del ☉ en *su polo* 9 15

3°. s. Rad. 90° 10,00000
Al seno del logaritmo de la dif. asc., 9° 15´... 9,20613
Así el logaritmo cotangente
de la dec. del ☉ 22° 51´ 10,37426
Al logaritmo tangente
del polo del ☉ = 20° 50´ 9,58039

B. Averigüe la *ascensión* oblicua del ☉ bajo su propio polo, si está ascendiendo; o su *descensión* oblicua, si está descendiendo. N. B. El ☉ está ascendiendo desde medianoche hasta el mediodía, y descendiendo desde el mediodía hasta medianoche.

Regla 1. Añada la diferencia ascensional a la A.D. si la declinación es *sur,* pero réstela de la A.D. si la declinación es *norte:* el resultado será la *ascensión* oblicua.

Regla 2. Para la *descensión* oblicua, haga todo lo contrario: añada la diferencia ascensional si la declinación es *norte,* y réstela si la declinación es *sur.*

Ejemplo.
La A.D. del ☉ es .... 256° 35´
La declinación es *sur;* por lo tanto deberá
restar la diferencia ascensional 9 15
Lo que da la descensión oblicua
del ☉ bajo su polo 247 20

C. Encuentre la declinación del lugar del aspecto, y busque en las Tablas³ el logaritmo de su *tangente*, al que deberá añadir el logaritmo tangente del polo del ☉. La suma será el log. *seno* de la diferencia ascensional del *aspecto* bajo ese polo. Con esta *diferencia ascensional,* encuentre su ascensión, o descensión, oblicua, tal y como hizo con la del ☉.⁴

D. Reste la del ☉ a la del aspecto, y el resultado será el ARCO DE DIRECCIÓN.

Ejemplo. Dirija al ☉ hacia una ☐ con la ☽ en el zodíaco. La ☽ está a 5° 39´ de ♈: cuando el ☉ llegue a 5° 39´ de ♑, formará un aspecto de ☐ con el lugar ocupado por la ☽ en el momento del nacimiento.

La declinación del aspecto 5° 39´ de ♑ es 23° 21´

su log. *tangente* 9,63519
El logaritmo *tangente* del polo del ☉ 20° 50´ es . 9,58039
Su suma es el log. *seno* de la diferencia   ─────
ascensional del *aspecto* bajo
el polo del ☉ 9° 27´ 9,21558

Entonces, de la A.D. de 5° 39´ de ♑ que es ..... 276° 9
reste la diferencia ascensional,
dado que su declinación es *sur* 9 27
Proporciona la descensión oblicua   ─────
del aspecto bajo el polo del ☉ 266 42
De la que deberá restar la descensión
oblicua del ☉ bajo el polo del ☉ 247 20
Y éste será el ARCO DE DIRECCIÓN de   ─────
la ☐ ☉ ☽ en el zodíaco 19 22

---

3. Los mejores, todavía existentes, son *Logarithms VI Decimalium, auctore G. F. Ursino*; pero una edición más económica e igualmente convincente fue publicada por Taylor y Walton.

4. Añadiéndolo o restándolo de la A.D. del aspecto.

A todos aquellos cuantos consideren aburrida la anterior operación, debemos recordarles que, una vez encontrado el polo del ☉ y los sucesivos cálculos, en todas las demás direcciones tan sólo deberá utilizar las dos últimas operaciones de la regla. Y, por otra parte, el total de estos aspectos en el *zodíaco* pueden ser resueltos por medio de los *semiarcos*, sin hacer referencia a los polos ni a la utilización de logaritmos. La regla invariable es ésta:

Tal y como el semi-arco del significador (☉, ☽ o ascendente) sea a su distancia desde el meridiano, así será el semiarco del lugar del aspecto a su 2ª distancia. La suma o diferencia de las distancias PRIMARIA Y SECUNDARIA *de los aspectos desde el meridiano es el* ARCO DE DIRECCIÓN.

Ejemplo. Tal y como el semiarco del ☉ sea a la distancia meridional del ☉, así será el semiarco de 5° 39´ de ♑ a su segunda distancia, la cual se añade a su distancia meridional primaria.

Cómo dirigir al ☉ hacia un paralelo en el zodíaco

Regla 1. En la tabla de declinación, busque la declinación hacia la que quiera dirigir al ☉, que encontrará en la columna señalada con un cero en la parte superior; entonces, anote la longitud a la que responda en la primera columna, y localice la A.D. que corresponda a su longitud.

Regla 2. El log. tang. de la decl. + log. tang. del polo del ☉ es igual al seno del log. de la diferencia ascensional del aspecto bajo este polo.

Regla 3. Encuentre la ascensión o descensión oblicua del aspecto, según el ☉ esté ascendiendo o descendiendo; y de ello reste la ascensión o descensión del ☉: el resto será el ARCO DE DIRECCIÓN.

Ejemplo. Requerido para dirigir al ☉ hacia el paralelo de declinación de Urano en la natividad de Ada.

La declinación de ♅ es de 21° 35 sur, que es la declinación que tendrá el ☉ cuando alcance los 22° 30 de ♑, cuya ascensión directa es 294° 19´.

Al log. *tangente* de 21° 35´ 9,59725
Sume el log. *tangente* del polo del ☉, 20° 50´ .. 9,58039
La suma es el *seno* del logaritmo
de la diferencia ascensional del aspecto
bajo el polo del ☉, 8° 39´ 9,17764

Entonces, de la A.D. del aspecto .... 294° 19´
reste la dif. asc. tal como antes 8 39

Dará la descensión oblicua del aspecto
bajo el polo del ☉ .... 285° 40´
De ésta, reste la descensión oblicua
del ☉ bajo su polo 247 20
Y el resto es el *arco de dirección*
del ☉ hacia un paralelo zodiacal de ♅ .... 38° 29´

Cómo dirigir a la ☽ hacia cualquier aspecto en el zodíaco, exceptuando a un paralelo

Primero. Al igual que en el caso del ☉, encuentre el polo de la ☽ y su ascensión, o descensión, oblicua bajo su polo.

1°. Para hallar el polo de la ☽, añada el log. proporcional del semiarco de la Luna (restando su comp. aritmética) al logaritmo proporcional de 90°, y el log. proporcional de la distancia meridional de la Luna; la suma será el log. proporcional de la diferencia de los círculos de posición.

2°. La diferencia entre la distancia al meridiano de la ☽ y la diferencia de los círculos de posición es igual a la diferencia ascensional de la ☽ bajo su polo.

3°. El *seno* del log. de la diferencia ascensional + la *cotangente* del logaritmo de la declinación de la ☽ es igual al log. *tangente* del polo de la Luna.

Ejemplo. Encuentre el polo de la ☽ en la natividad de Ada.

Log. proporcional del semiarco de la ☽
93° 9′ (su comp. aritmética) 9,7139
Ídem log. de 90 grados 3010
Ídem log. de la dist. merid. de la ☽ 86° 7′ 3202
Ídem log. de la diferencia en
el círculo de posición .... 83° 12′ 3351

Dif. asc. de la ☽ en su polo ..... 2 55 log.
seno de éste 8,70658
Añada log. cotangente de la declinación
de la ☽ 2° 30′ 11,35991
Sume su log. tangente del polo de la ☽ 49° 22′ .. 10,06649

Segundo

1°. Para encontrar la ASCENSIÓN oblicua de la ☽ en su polo, *añada* la diferencia ascensional si la declinación es *sur;* *reste* la diferencia ascensional si la declinación es *norte,* a, o de la A.D.

2°. Para hallar la DESCENSIÓN oblicua, haga exactamente lo contrario.
Ejemplo. A.D. de la ☽ 7° 15´ + dif. ascensional 2° 55´ = ascensión oblicua de la ☽ en su polo 10° 10´.

Tercero. Encuentre la ascensión o descensión oblicua del aspecto bajo el polo de la ☽, y réstele la ascensión o descensión oblicua de la ☽: el resultado será el ARCO DE DIRECCIÓN.
N. B. Primero debemos anotar la latitud de la ☽ en el aspecto para poder encontrar su verdadera A.D. y declinación.
Ejemplo. Dirija a la ☽ hacia la ☌ de ♂ en la natividad de Ada.

Marte está situado a 20° 26´ de ♈ y cuando la ☽ llegue a este punto, poseerá una latitud sur de 4° 45´ y una declinación norte de 3° 34´; entonces, el logaritmo tangente de esta declinación 8,79470 + el log. tangente del polo de la ☽ 10,06649 es igual al log. seno de la diferencia ascensional del aspecto en el polo de la ☽ 4° 10´ = 8,86119.
La A.D. de 20° 26´ de ♈ con latitud sur 4° 45´ es 20° 40´; la diferencia ascensional, al ser la declinación 4° 10´ *norte* = la ascensión oblicua del aspecto en el polo de la ☽, 16° 31´.

Cuarto. La ascensión oblicua del *aspecto* en el polo de la ☽ 16° 30´; la ascensión oblicua de la ☽ en su polo 10° 10´ es igual al *arco de dirección* de la ☌ ☽ ♂ en el zodíaco, 60° 20´.

N. B. Para trabajar con los semiarcos, diga semiarco de la ☽: distancia de la ☽ al meridiano: semiarco de 20° 26´ de ♈ con latitud sur 4° 45´: segunda distancia de ídem. Entonces, diferencia de la distancia del meridiano y segunda distancia igual al arco de dirección.

Cómo dirigir a la Luna hacia los paralelos de declinación

Regla 1. Busque en las Efemérides los días posteriores al del nacimiento y compruebe el momento en el que la ☽ está en la declinación que usted requiere. Entonces, calcule por proporción la latitud y longitud que tendrá en ese momento.

Regla 2. Encuentre la A.D. para esta latitud y longitud, y réstele o añádale la diferencia ascensional dada por la declinación requerida bajo el polo de la ☽; el resultado será la ascensión oblicua o la descensión oblicua del *aspecto;* y una vez restada la ascensión o descensión oblicua de la ☽ nos dejará el ARCO DE DIRECCIÓN.

N. B. Encuentre el polo de la ☽ tal y como ya le mostramos en el capítulo IV.

Ejemplo. Deseo dirigir la ☽ hacia un paralelo de declinación de Marte en la natividad de Ada.

Observo que el día 12 de diciembre la declinación de la ☽ era de 7° 22´, mientras que el día 13 era de 12° 16´; entonces, si la diferencia 4° 54´ corresponde a 24 horas, ¿cuál será la diferencia entre la declinación al mediodía del día 12, 7° 22´, y la declinación ♂ 8° 23´, que equivale a 1° 1´? Respuesta: 4 horas, 59 minutos; y a esta hora, el día 12, observo que la ☽ está a una longitud de 2° 30´ de ♉, con 4° 10´ de latitud sur.

La A.D. correspondiente a esta latitud y longitud es 31° 58´. Entonces, el logaritmo *tangente* de la declinación 8° 23´ de ♂, 9,16841 + log. *tangente* del polo de la ☽ 49° 22´, 10,06649 igual al log. *seno* de la diferencia ascensional del aspecto 9° 55´ = 9,23590.

Ahora, de la A.D. del aspecto	31° 58´
reste la dif. asc. bajo el polo de la ☽	9 55
Nos da la asc. oblicua bajo el polo de la ☽	22 3
Réstele la asc. oblicua de la ☽ en su polo	10 10
El resto será el ARCO DE DIRECCIÓN de la ☽ hacia el paralelo zodiacal de ♂	11° 53´

N. B. En el zodíaco no existe ni una sola dirección que sea más fuerte que los paralelos, y por ello merecen la máxima atención. Se ha podido observar que sus efectos pueden experimentarse unas pocas semanas antes de que el arco de dirección haya sido completado.

Cómo dirigir al ascendente hacia los aspectos del zodíaco

Regla 1. Añada 90° a la A.D. del medio cielo de nacimiento, y le dará la ascensión oblicua del ascendente bajo el polo (o latitud) de nacimiento.

Regla 2. Busque la declinación del aspecto en la tabla de declinaciones, que encontrará en la columna señalada con un cero en la parte superior, opuesta a su longitud.

Regla 3. Encuentre la A.D. de esta longitud sin latitud.

Regla 4. Al log. *tangente* del polo del ascendente, añádale el log. *tangente* de la declinación del aspecto: la suma será el log. *seno* de su diferencia ascensional.

Regla 5. Reste esta diferencia ascensional de la A.D. si la declinación es *norte,* o añádala si es *sur;* el resultado es la ascensión oblicua del aspecto bajo el polo del país.

Regla 6. La ascensión oblicua del aspecto − la ascensión oblicua del ascendente es igual al ARCO DE DIRECCIÓN.

Ejemplo. Dirija al ascendente hacia una □ con ♄ en el zodíaco.

1. La A.D. del medio cielo es 273° 22´, a la que añadiendo 90° obtendremos 363° 22´, puesto que sobrepasa los 360°; réstele el círculo y obtendrá 3° 22´, que es la ascensión oblicua del ascendente bajo su polo.
2. La □ de ♄ tiene lugar a 8° 36´ de ♉, cuya declinación es 14° 23´.
3. La A.D. de 8° 36´ de ♉ es 36° 12´.
4. Log. *tangente* del polo de la 1ª casa 51° 32´, . . . 10,09991
   + log. tang. de la decl. de 8° 36´ de ♉ 14° 23, . . 9,40900
   = log. seno de su diferencia ascensional 18° 50´. 19,50891
5. La A. D. del aspecto 36° 12´ menos la dif. ascensional 18° 50´ es igual a la ascensión oblicua del aspecto 17° 22´.
6 (último). De este resultado, reste la ascensión oblicua del ascendente 3° 22´; el resultado será el arco zodiacal de la □ ascendente ♄, es decir, 14° 0´.

Cómo dirigir al medio cielo hacia los aspectos del zodíaco

Regla. La A. D. del aspecto – A. D. del M.C. es igual al ARCO DE DIRECCIÓN.

Ejemplo. Encuentre el arco de la □ M.C. ♂ en el zodíaco. A. D. de la □ de ♂ en (20° 26´ de ♑) 292° 7´ – A. D. del M.C. 273° 22´ = al ARCO DE DIRECCIÓN 18° 45´.

Sobre las direcciones mundanas hacia los ángulos, es decir, hacia el ascendente o el M.C.

Éstas son simplemente las divisiones de los semiarcos de los planetas; así, ½ es una semicuadratura; 2/3 un ✶; todo el semiarco una ☐; un semiarco y 1/3 de otro, un △; un semiarco y medio una sesquicuadratura, etc. Al disponer un semi-arco siempre de la misma proporción con respecto a las 12 casas, que los 90 grados con respecto al círculo, o 12 signos del zodíaco, de ello se deriva que los 2/3 de éste formen un aspecto de ✶, puesto que 2/3 de 90° son 60°, un ✶ en el zodíaco, etc.

Cómo hallar el arco de dirección hacia una semicuadratura del M.C.

Regla. La diferencia entre la mitad del semiarco y la distancia al meridiano del planeta es el ARCO DE DIRECCIÓN; porque cuando el planeta se encuentra exactamente a la mitad de su semiarco del M.C., está en un aspecto de semicuadratura con respecto a este ángulo.

Ejemplo. El semiarco de ♄ es 64° 24´; la mitad es 32° 12´, que, restado de la distancia al meridiano de ♄ 37° 55´, da el arco del M.C. a la semicuadratura de ♄ 5° 43´.

Cómo hallar el arco de dirección hacia un ✶ del M.C.

Regla. La diferencia entre la distancia al meridiano del planeta y 2/3 de su semiarco es el arco de dirección.

Ejemplo. 2/3 del semiarco del ☉ 38° 35´ − la distancia al meridiano del ☉ 16° 47´ = 21° 48´, el arco de dirección del ✶ M.C. ✶ ☉.

Cómo hallar el arco de dirección
hacia una □ del M.C.

Regla. El semiarco del planeta – distancia al meridiano = arco de dirección.

Ejemplo. El semiarco de ♃ 75° 34´ – distancia al meridiano de ♃ 62° 55´ = arco de la □ M.C. □ ♃ 12° 39´.[5]

Cómo hallar el arco de dirección
hacia un △ del M.C.

Regla. Si el planeta está por encima de la Tierra, añada un tercio de su semiarco (nocturno) al arco para su □ con el M.C. Si está por debajo de la Tierra, la diferencia entre su distancia al meridiano y 2/3 de su semiarco es el *arco de dirección*.

Ejemplo. Al estar ♃ por encima de la Tierra, el arco de la □ M.C. ♃ 12° 39´ + 1/3 del semiarco de ♃ (nocturno) 34° 49´ = arco del △ M.C. ♃ 17° 28´.

Aspectos inferiores
Cómo hallar el arco del quintil hacia el M.C.

Regla. Si el quintil está en la casa VII, reste 1/5 del semiarco del arco para la □. Si está en la casa XII, de 1/5 del semiarco, reste la distancia a la que se encuentre el planeta del ascendente.

Ejemplo 1. El semiarco del ☉ 57° 53´ – distancia al meridiano del ☉ 16° 47 = M.C. ♊ ☉ 41° 16´ – 1/5 del semiarco del ☉ 11° 35´ = quintil M.C. ☉ 29° 31´.

---

5. Esto sucede cuando ♃ está o asciende a la séptima casa, que es ascendente ☍ ♃.

Ejemplo 2. El semiarco de la ☽ (diurno) es 86° 51´,
del cual 1/5 es .... 17° 22´
Entonces, 17° 22´ es la distancia a la que
debe estar la ☽ del ascendente para formar
el quintil con el M.C.; y como la ☽ todavía
no se ha elevado, debemos añadir su
distancia desde el ascendente 7° 2´ .... 7° 2´
Arco del quintil M.C.-☽ .... 24° 24´

Cómo hallar el arco de la sesquicuadratura hacia el M.C.

Regla. Si está en la 2ª, para el △, reste 1/6 del semiarco del arco; y, si está en la 5ª, para el △, añada 1/6 del semiarco al arco.

Otra regla. Tome la mitad del semiarco del planeta, y halle la diferencia entre ésta y la distancia del planeta al meridiano, que será el arco hacia la semicuadratura de la 4ª casa, o sesquicuadratura del M.C.

Ejemplo. 1/6 del semiarco nocturno de ♃ 17° 24´ + el arco para su △ con el M.C. 47° 28´ = 64° 52´; la sesquicuadratura M.C-♃.[6]

Cómo hallar el arco del biquintil hacia el M.C.

Regla. Al arco para la sesquicuadratura *añádale* 1/10 del semiarco, si el aspecto tiene lugar en la 5ª casa, y *réstele* 1/10 del semiarco, si tiene lugar en la 2ª casa.

N. B. Esta dirección no posee ninguna consecuencia junto con los planetas maléficos; y sus efectos son muy débiles con los benéficos.

---

6. También es ascendente S.S. □ ♃.

Cómo hallar el arco hacia una ☌ u ☍ del M.C.

Regla. Si el planeta está *ascendiendo,* su distancia al meridiano es el arco hacia una ☌ del M.C.; y si está *descendiendo,* su distancia al meridiano es su arco hacia la ☍, y esto no necesita ningún ejemplo.

Cómo dirigir al ascendente en la astrología mundana

Cómo hallar la ☌ o la ☍ de cualquier estrella con el ascendente

Regla. Si el planeta se halla situado entre la 4ª casa y el ascendente, su semiarco − su distancia al meridiano = el arco hacia la ☌. Si está entre la 10ª y la 7ª casas, su semiarco − su distancia al meridiano = el arco hacia la ☍.

Ejemplo. ♂ está situado entre la 4ª casa y el ascendente; su semiarco 79° 19′ − distancia al meridiano de ♂ 74° 40′ = arco de dirección de la ☌ ascendente ♂ 40° 39′.

Cómo hallar el ✶ o el △ de cualquier planeta hacia el ascendente

Regla. Si está por encima de la Tierra, su distancia al meridiano − 1/3 de su semiarco = al ✶; si está por debajo de la Tierra, y al *este* de la 4ª, 1/3 de su semiarco − su distancia al meridiano; pero si está al *oeste* de la 4ª, + su distancia al meridiano = al ✶.

Si está por encima de la Tierra, y al *este* de la 10ª, su distancia al meridiano + 1/3 de su semiarco; pero si está al *oeste* de la 10ª, su distancia al meridiano – 1/3 de su semiarco = al △. Si está por debajo de la Tierra, la distancia al meridiano – 1/3 de su semiarco = al △.

El *quintil* hacia el ascendente es 1/5 del semi-arco del planeta desde el meridiano, tanto por encima como por debajo de la Tierra.

La *sesquicuadratura* es el semicuartil desde el M.C. si tiene lugar en la 8ª casa; si tiene lugar en la 5ª casa, es la sesquicuadratura desde M.C., o semicuartil desde la 4ª casa.

El *semicuartil* está en el semicuartil desde el M.C. si tiene lugar en la 11ª casa; si tiene lugar en la 2ª, es la sesquicuadratura desde el M.C.

El *biquintil* es 1/10 del semiarco del planeta *por encima* de la mitad de la 8ª casa, o semicuartil desde el M.C. Si tiene lugar en la 5ª casa, es 1/10 del semiarco del planeta que debe tomarse desde el arco hasta la sesquicuadratura del M.C.

N. B. La forma más rápida es la de hallar una dirección hacia el ascendente o el M.C. y, entonces, sumar o restar la porción del semiarco del planeta para encontrar las demás.

Ejemplo. El arco del ☉ al △ del ascendente es de 2° 30́ 40̋; añada 1/3 del semiarco del ☉ 19° 17́ 40̋, y esto da 21° 48́, para el ✶ M.C.-☉, que es la distancia del ☉ desde la 8ª casa; de nuevo añada 1/3, y esto da 41° 6́, el arco para el U. C. – □ ☉ o el ascendente ☍ ☉. Reste de 41° 6́ el 1/5 del semiarco del ☉, esto da 29° 31́ para el quintil M.C-☉. Reste la mitad del semiarco del ☉ de 41° 6́; y ello da 12° 10́; el semi-cuartil M.C.-☉, que también es una sesquicuadratura ascendente-☉.

Cómo dirigir al ☉ o a la ☽ hacia cualquier aspecto mundano (exceptuando los paralelos) por movimiento recíproco

Cuando el ☉ o la ☽, estando *por encima de la Tierra,* se mueven para formar el aspecto, desde el este hacia el oeste, ello recibe el nombre de DIRECCIÓN RECÍPROCA.

Regla 1. Así como el semiarco del planeta, a cuyo aspecto están dirigidos el ☉ o la ☽, equivale a la distancia de este planeta, dentro o fuera de una casa en concreto, así equivale el semiarco del ☉ o de la ☽ a la *segunda* distancia del ☉ o de la ☽ desde la casa en la que se forma el aspecto requerido con aquel del que se toma la distancia del planeta.

Regla 2. Encuentre la distancia aparente o primaria desde la mencionada casa, y realice la suma o la resta de las dos distancias, dependiendo de que el ☉ o la ☽ estén cerca o sobrepasen la cúspide de la casa, para el ARCO DE DIRECCIÓN. Si el aspecto se forma antes de que el ☉ o la ☽ sobrepasen la casa, se hace la *resta,* pero si sobrepasan la casa para formar el aspecto, entonces se hace la *suma.*

Ejemplo 1. ¿Se requiere el arco de la □ ☉ ♄ recíproco? Semiarco de Saturno 64° 24´: la distancia desde Saturno desde la 12ª (exterior) 4° 55´: : semiarco del ☉ 57° 53´: segunda distancia del ☉ desde la 9ª (exterior) 4° 25´.

Puesto que el ☉ tiene que sobrepasar la 9ª para formar la □, añada la distancia del ☉ desde la 9ª, que es la del arco del △ ascendente ☉ 2° 32´, la *suma* es 6° 57´, □ recíproca ☉ ♄.

Ejemplo 2. ¿Se requiere el arco de dirección de la ☽ hacia la □ del ☉ por movimiento recíproco?

Semiarco del ☉ 57° 53′: distancia del ☉ *dentro* de la 9ª, 2° 32′: semiarco de la ☽ (diurna) 86° 51′: segunda distancia de la ☽ *dentro* de la 12ª 3° 48′.

Para hallar la *distancia actual* o primaria de la ☽ desde la 12ª, añada 1/3 de su semiarco *diurno* a su distancia desde la 1ª casa 7° 2′ : 86° 51′, de la cual 1/3 = 28° 57′ + 7° 2′ = la distancia primaria de la ☽ desde la 12ª 35° 59′ – su *segunda* distancia hacia la 12ª 3° 48′ = 32° 11′, arco de ☐ recíproca ☽ ☉.

N. B. Este semiarco, tanto si es diurno como nocturno, debe tomarse donde esté situado el planeta una vez haya sido *completado* el aspecto. En el momento del nacimiento de Ada, la Luna estaba por debajo de la Tierra, pero cuando formó la ☐ con el lugar ocupado por el ☉ en el momento del nacimiento, estaba cerca de la 12ª casa; por supuesto, debe tomarse su semiarco *diurno*.

Para trabajar con los logaritmos proporcionales, la regla es la de añadir los logaritmos del 2° y 3ᵉʳ número juntos, y restar de su suma el logaritmo del primer número, lo cual indicará el logaritmo del 4° número. Pero un método más sencillo es el de tomar el *complemento aritmético* del logaritmo del 1° número, en lugar del logaritmo en sí mismo; entonces, sume los tres logaritmos juntos, y verá como el resultado es el mismo. El complemento aritmético de un logaritmo es lo que le falta a 10,0000. La forma más común de encontrarlo es tomar cada figura desde 9, empezando por la mano izquierda, excepto la figura de la mano derecha, que debe ser tomada de 10.

Ejemplo. ¿Cuál es el complemento aritmético del logaritmo proporcional del semiarco de ♄ 64° 24′?

Su logaritmo proporcional es 4464. Al no haber índice, el complemento aritmético tendrá 9 en el índice; entonces de 4 a 9 van 5; y de 4 a 9 van 5; y de 6 a 9 van 3; y de 4 a 10 van 6; lo cual denotará 9,5536. Si el índice suma 10 o más, rechace 10 en el índice; por ejemplo, en el segundo caso de la ☐ recíproca ☾ ☉, el logaritmo de la distancia de la ☾ dentro de la 12ª es 11,6754, que denominamos 1,6754, al rechazar 10 en el índice.[7]

Cómo dirigir al ☉ o a la ☾ hacia cualquier aspecto mundano
(exceptuando los paralelos) por movimiento directo

Cuando se supone que el ☉ o la ☾ permanecen fijos en el lugar que ocupaban en el momento del nacimiento, y los planetas ♅, ♄, ♃, ♂, ♀ o ☿, se mueven para formar el aspecto de acuerdo con el movimiento regular de los cielos, la dirección se llama *dirección directa*.

Regla 1. Así como el semiarco del ☉ o de la ☾ equivale a su distancia desde una casa determinada, de esta misma forma equivale el semiarco del planeta dirigido a la *segunda distancia* de este planeta.

Regla 2. Añádalo o réstelo de la distancia aparente (o primaria) del planeta, según sobrepase o caiga cerca de la cúspide; el resultado es el ARCO DE DIRECCIÓN.

Ejemplo 1. Dirija el ☉ hacia una ☌ ♃ por dirección directa.

El semiarco del ☉ 57° 53´ log. (comp. arit.) 9,5073: distancia al meridiano del ☉ 16° 47´; log.1,0304: : semiarco de

---

[7]. Estos logaritmos proporcionales se encuentran en libros de navegación y los podemos encontrar en la traducción de Cooper de Placidus.

♄ 64° 24´, log. 4464: *segunda* distancia de ♄, pasado el M.C. 18° 40´, log. 9841.

Puesto que ♄ sobrepasa la cúspide de la 10ª, añada su distancia al meridiano para formar la ☌; así pues, distancia al meridiano 37° 55´ + 18° 40´ = el arco de la ☌ ☉ ♄ D. D. 56° 35´.[8]

N. B. Habiendo trabajado con una dirección, normalmente las otras suelen obtenerse por medio de ésta a través de la parte proporcional del semiarco del planeta dirigido:

Así pues, el arco de la ☌ ☉ ♄ D.D. 56° 35´ – la mitad del semiarco de ♄ 32° 12´ = arco de la semicuadratura ☉ ♄ D. D. 24° 23´ – 1/6 del semiarco de ♄ 10° 44´ = arco del ⚹ ☉ ♄ D. D. 13° 39´.

Ejemplo 2. Encuentre el arco de la □ ☽ ♄ D.D.

A. Semiarco de la ☽ 93° 9´ log. A.C. 9,7139: distancia de la ☽ desde la primera casa, 7° 2´ log. 1,4081: : semiarco de Saturno 64° 24´ log. 4464. *Segunda distancia* de Saturno a la 10ª, 4° 52´ log. 1,5684.

B. La distancia al meridiano de Saturno 37° 55´ – su *segunda* distancia 4° 52´ = arco de la □ ☽ ♄ D.D. 33° 3´ – 1/3 del arco de ♄ 21° 28´ = al arco del ⚹ ☽ ♄ D. D. 11° 35´ - 1/6 del arco de ♄ 10° 44´ = arco de la semicuadratura ☽ ♄ D.D. 0° 51´.

N. B. Puesto que este último arco está entre un grado, empezará a hacer efecto durante el primer año de vida, y actuará durante toda la vida en perjuicio de la nativa, al ocupar una posición radical, a través de la cual ♄ perjudicará a

---

8. Placidus trabajaba con estas direcciones a veces por medio de los polos, etc. pero fue en contra de su propia regla en Canon XXXII, que es el método correcto.

la ☽. Sus efectos se verán mitigados por el ✶ ♄ ☽ en el zodíaco.

Cómo dirigir al ☉ o a la ☽ hacia paralelos mundanos recíprocos

(Éstos ya han sido descritos en el libro I, pág. 92.)

Regla 1. El semiarco del planeta hacia el cual el paralelo Sol o Luna es dirigido: su distancia al meridiano: semiarco del Sol o de la Luna: *segunda* distancia del ☉ o de la ☽ desde el meridiano.

Regla 2. La *diferencia* entre la distancia del meridiano del Sol o de la Luna y la *segunda* distancia es el ARCO DE DIRECCIÓN; pero si sobrepasa el meridiano para formar el paralelo, entonces se debe tomar la *suma*.

Ejemplo 1. Requerido el arco del ☉ hacia un paralelo con ♄ recíproco.

Semiarco de ♄ 64° 24´: distancia al meridiano de ♄ 37° 55´: semiarco del ☉ 57° 53´: segunda distancia del ☉ 34° 5´ – distancia al meridiano del ☉ 16° 47´ = arco del ☉ paralelo ♄ recíproco 17° 18´.

Ejemplo 2. Requerido el arco del paralelo recíproco ☽ ♂.

Semiarco de ♂ 79° 19´: distancia al meridiano de ♂ 74° 40´: semiarco (diurno) de la ☽ 86° 51´ *segunda* distancia de la ☽ 81° 46´.

Dado que el aspecto tiene lugar por encima de la Tierra, la distancia *diurna* de la ☽ al meridiano (= 180° – su distancia al meridiano) debe ser restada.

La distancia diurna de la ☽ al meridiano 93° 53´ - su segunda distancia 81° 48´ = arco del paralelo recíproco ☽ ♂ 12° 7´.

Cómo dirigir al ☉ o a la ☽ hacia paralelos mundanos por dirección directa

Hay que invertir la operación de los paralelos recíprocos.
Regla 1. Semiarco del ☉ o de la ☽: su distancia al meridiano :: el semiarco del planeta: su *segunda* distancia.
Regla 2. La *diferencia* entre la distancia del planeta al meridiano y segunda distancia, o si sobrepasa el meridiano para formar el paralelo, su *suma* será el ARCO DE DIRECCIÓN.
Ejemplo. Encuentre el arco del paralelo ☉ ♄ D.D.
El semiarco del ☉ 57° 53′ log. A.C. 9,5073: distancia al meridiano del ☉, 16° 47′ log. 1,0304 :: el semiarco de ♄ 64° 24′ log. 4,164: segunda distancia de ♄ 18° 40′ log. 9841.
La distancia al meridiano de ♄ 37° 55′ – la segunda distancia de ♄ 18° 40′ = 19° 15′ arco del paralelo ☉ ♄ D.D.

Cómo dirigir al ☉ o a la ☽ hacia paralelos profundos

O hacia las distancias paralelas desde el meridiano por movimiento profundo
Este nombre «profundo» es un antiguo término que significa «*arrebatado*» y representa a todos aquellos paralelos que están formados por ambos, es decir, tanto por el significador (tal y como se los denomina al ☉ o a la ☽) y el promotor (tal y como se denomina a planetas como ♅, ♄, ♃, ♂, ♀ y ☿) siendo empujados por el movimiento de la Tierra en su eje hacia los lugares que ocupaban de nacimiento, hasta llegar a distancias iguales o paralelas desde el meridiano.

Regla 1. Tome la mitad de la suma del semiarco del ☉ o de la ☽ + la del planeta.

Regla 2. Tome la mitad de la diferencia entre la A.D. del ☉ o de la ☽ y la del planeta.

Regla 3. Tome la mitad del semiarco del cuerpo que vaya a aplicarse o a acercarse hacia el meridiano cuando se forme el paralelo.

Regla 4. La mitad de la suma de los semiarcos: la mitad del semiarco del cuerpo aplicándose hacia el meridiano : : la mitad de la diferencia de la A.D.: la mitad de la *segunda* distancia del cuerpo aplicándose al meridiano; que le dobla. La distancia aparente del cuerpo desde el meridiano − la *segunda* distancia = ARCO DE DIRECCIÓN.

Ejemplo. Lleve al ☉ hacia el paralelo profundo de Saturno en la natividad de Ada.

Al semiarco de:

♄ 64° 24´, ½ de su 32° 12´ A.D. de ♄ .... 311° 17
Añada semiarco del ☉ 57°53´ A.D. del ☉ ...... 256° 35
                          2) 122 17   2) 54 42
La mitad: 61° 8´   27 21

La mitad 61° 8´ ½ p. log. (A.C.) 9,5311
: ½ del semiarco de ♄ 32° 12´ 7474
:: ½ de la difer. de la A.D. 27° 21´ prop. log. 8183
: ½ la *segunda* distancia de ♄ .... 14° 24´ = 1,0968
                                            x 2
Segunda distancia de ♄   28° 48´

La distancia al meridiano de ♄, 37° 55´ − *segunda* distancia de ♄ desde el meridiano 28° 48´, deja el *arco de dirección* del paralelo profundo ☉ ♄, 9° 7´.

N. B. Estos paralelos profundos son las direcciones más poderosas y nunca dejan de producir importantes efectos. Esta dirección fue la que causó la muerte del noble y talentoso padre de la nativa; tal y como se verá a través de las reglas de convertir los arcos de dirección en tiempo, que tuvieron lugar exactamente durante el período de la muerte de lord Byron.

Todos los paralelos actúan como conjunciones; armónicas con los planetas armónicos e inarmónicas con los inarmónicos.

Ejemplo 2. Se requiere el arco para el paralelo profundo ☽ ☌ ♂. El cuerpo de ♂ está más cerca del ascendente que el de la ☽; y por ello se levanta antes, y formará una distancia paralela con el M.C. de acuerdo con su semiarco (diurno, puesto que estará por encima de la Tierra) con la formada con la Luna hacia el meridiano por debajo de la Tierra, de acuerdo con su semiarco. Pero, puesto que la oposición de la Luna estará a la misma distancia de la casa 10ª, o meridiano diurno, de lo que estará su cuerpo de la casa 4ª o meridiano nocturno; y puesto que la regla requiere que los arcos utilizados deben ser ambos diurnos o ambos nocturnos, para trabajar tomaremos la ☍ de la ☽ en lugar de la ☽ en sí misma. Añada el semiarco (diurno) de la ☍ de la ☽.

Entonces al semiarco (diurno)
de ♂ .... 100° 41´ A.D. de ♂ 18° 42´ + 360° 0´
= 378 42
Añada el semiarco (diurno)
de la ☍ de la ☽, que es su
propio semiarco nocturno ... 93° 9´ A.D. de la ☍ de la ☽ 187° 15´
2) 193° 50´ 2) 191° 27´
La mitad .... 95° 43´

Mitad	96° 55´	= P. log. (A.D.) ...	9,7311
Mitad semiarco de ♂	50° 20´	....	5534
:: Mitad diferencia A.D.	95° 43´	....	2743
:: Mitad segunda distancia ..	49° 43´	....	5588

x 2

La segunda distancia de ♂
al meridiano .... 99° 26´

    180° − la distancia al meridiano de ♂ 74° 40´= distancia primaria de ♂ al meridiano *diurno*, 105° 20´ − la segunda distancia de ♂ 99° 26´ = 5° 54´ arco del paralelo profundo ☽ ♂.

    Ejemplo 3. Encuentre el paralelo profundo ☉ ♃. Cuando ♃ se pone, se *aplicará* al meridiano nocturno y pronto formará una distancia paralela con el ☉ hacia el meridiano diurno. El lugar opuesto del ☉ debe ser tratado como si estuviese en la 3ª casa, tal y como se utilizan los arcos nocturnos.

Al semiarco de ♃ (nocturno) 104° 26´   A.D. de ♃ 210° 27
Añada el semiarco de la A.D.

    De la ☍ del ☉ 57 53   ☍ del ☉ 76 25
    2) 162 19   2) 133 52

    La mitad 81 9 ½   La mitad 66 56

La mitad de la suma de los semiarcos 81° 9 ½ 9,6541
: Mitad del semiarco (nocturno)[9] de ♃ 52° 13´ 5374
: : Mitad de la diferencia de la A.D. 66° 56´ 4296
: Mitad de la segunda distancia ...43° 4´ 6211

x 2

Segunda distancia de ♃ 86 8

9. Conforme se va aproximando al meridiano, una vez formado el aspecto.

Distancia al meridiano de ♃, 117° 5′[10] – su segunda distancia, 86° 8′ = arco del ☉ en paralelo profundo con ♃, 30° 57′.

Sobre las direcciones hacia la rueda de la fortuna en la astrología mundana

La ⊕ es un *punto fijo* y no posee movimiento por sí misma. Los cuerpos de los planetas pueden ser dirigidos hacia ella, o formar aspectos con ella, excepto el paralelo profundo; pero no puede moverse hacia delante, ni en el zodíaco, ni por movimiento recíproco en astrología mundana. Por ello, la ⊕ no tiene nada que ver con el zodíaco, y no forma aspectos zodiacales; tan sólo es capaz de formar una dirección directa (*véase* libro I, cap. XIV).

Cómo dirigir el ☉, la ☽ o cualquier planeta hacia un aspecto de la ⊕

Regla 1. Semiarco de la ⊕: su distancia desde cualquier casa de la que pueda estar cerca : : semiarco del planeta *dirigido;* la *segunda* distancia de este planeta hasta la casa que está en aspecto con la casa desde la que se mide la ⊕.

Regla 2. Añada o reste la segunda distancia de la aparente, según el planeta sobrepase o caiga cerca de la casa; la misma suma o diferencia es el ARCO DE DIRECCIÓN.

Ejemplo. Requerido el arco de la ⊕ hacia un △ con el ☉ en la natividad de Ada.

---

10. La distancia nocturna al meridiano de ♃.

Semiarco de la ⊕ 93° 9´, log. A.D. 9,7139; distancia de la ⊕ desde la 4ª casa: 11° 27´; log. 1,965: : semiarco del ☉ 57° 53´, log. 4927: la *segunda* distancia del ☉ *sobrepasa* la 8ª casa, desde donde estará a cuatro casas (un aspecto de △) de la ⊕ 7° 7´ log. 1,4031 + distancia del ☉ a la 8ª casa 21° 48´ = arco ⊕ △ ☉ 28° 55´.

Cómo dirigir cualquier planeta hacia un paralelo de la ⊕

Regla 1. Semiarco de la ⊕: su distancia al meridiano : : el semiarco del planeta: su segunda distancia desde el meridiano.

Regla 2. Réstele o añádale esto a la distancia al meridiano del planeta para el ARCO DE DIRECCIÓN.

Ejemplo. Lleve la ⊕ hacia un paralelo con ♄.

Semiarco de la ⊕, 93° 9´ log. A.D. 9,7139 : : su distancia al meridiano, 11° 27´, log. 1,1965 : : semiarco de ♄ 64° 24´, log. 4464: segunda distancia al meridiano de ♄[11] 7° 55´, log. 1,3568.

La distancia al meridiano de ♄ 37° 55´ − segunda distancia al meridiano de Saturno 7° 55´ = arco de la ⊕ paralelo a ♄, 30° 0´.

Cómo convertir el arco de dirección en tiempo para saber a qué edad se dejarán sentir los efectos

A esto se le llama igualar el arco de dirección. Es una medida de tiempo, y depende del movimiento del ☉ en el zodíaco.

---

11. Esta distancia de ♄ del M.C., añadida a su distancia al meridiano, nos dará la ☍ ⊕ ♄ = 45° 56´.

Regla 1. A la A.D. del ☉ en el momento del nacimiento, añádale el arco de dirección. Encuentre cuántos días y horas después del nacimiento tarda el Sol en adquirir esta A.D.; otorgue un año de vida para cada día, y un mes para cada dos horas. Para encontrar este tiempo, consulte en las Efemérides para hallar la longitud que corresponda a esta A.D., y del día y la hora en la que el ☉ alcanza esta longitud, reste el día y la hora de nacimiento; la diferencia es el número de días y de horas después del nacimiento, que debe ser transformada en años y en meses, para conocer la edad en la que actuará la dirección.

Ejemplo. Requerido el momento de la vida en el que actuará la dirección de un paralelo profundo ☉ Saturno en la natividad de Ada.

La A.D. del ☉ en el nacimiento . . . . 256° 35´
El arco del paralelo profundo ☉ Saturno . . . .   9° 7´
A.D. del ☉ una vez completado el aspecto . . . 265 42

La longitud que corresponde a la A.D. 265° 42´ es 26° 4´ de ♐, y el ☉ llegó a esta longitud a las 19 horas del 18 de diciembre de 1815.

Entonces, de dic. 1815 . . . . 18 días, 7 horas
Reste el día y hora de nacimiento . . . . 10 días, 1 hora
Resultado . . . . 8 días, 6 horas

Que con la media de 1 año por 1 día, y 1 mes por 2 horas, da una edad de 8 años y 3 meses, es decir en marzo de 1824. El 19 de abril de 1824, murió lord Byron (el padre de la nativa). Lo que demuestra que el momento del nacimiento fue correctamente anotado, puesto que las direcciones primarias no pueden acercarse más de un mes del momento del acontecimiento, especialmente las de ♄.

Sobre las direcciones secundarias

Todas las direcciones que hemos considerado hasta ahora son las denominadas DIRECCIONES PRIMARIAS; y actúan durante varias semanas y, a veces, incluso durante meses; en particular los aspectos mutuos del ☉ y la ☽, los cuales, debido a su aparente magnitud, normalmente entran en acción y permanecen en activo durante unas 6 u 8 semanas como mínimo, antes y después de que el momento de la dirección sea el exacto. Normalmente, las direcciones de ♄ suelen ser muy lentas y aburridas, conllevando toda una serie de enfermedades y de problemas al nativo, de acuerdo con el planeta con el que actúen. Con Marte suelen acabarse rápidamente, pero sus efectos son muy bruscos y repentinos. Los paralelos en el zodíaco a veces continúan actuando durante un largo período de tiempo, como cuando caen cerca de los trópicos, el Sol o la Luna a veces permanecen varios días cerca en la misma declinación; y el efecto será el desencadenante de toda una serie de acontecimientos que perseguirán al nativo a veces incluso durante varios años.

DIRECCIONES SECUNDARIAS simplemente son los aspectos formados por la ☽ tras el nacimiento y son bastante menos poderosas que las direcciones primarias; y si son opuestas a ellas en naturaleza, al mismo tiempo, pero si las direcciones primarias y secundarias concuerdan en naturaleza (por ejemplo, si el ☉ estuviese ☌ o paralelo, etc. a ♄ en la primaria y la ☽ en paralelo a la declinación del ☉, en aspecto inarmónico con ♂ o ♄, etc.) en la dirección secundaria el acontecimiento, normalmente suele tener lugar cuando la influencia es más poderosa; es decir, cuando la dirección secundaria ha sido completada. Las direcciones secundarias tan sólo duran una o dos semanas.

Cómo calcular las direcciones secundarias

Regla. Observe el día y la hora después del nacimiento, cuando la ☽ forme cualquier aspecto, sea con el ascendente, o el M.C. o con su propio lugar de nacimiento, o el del ☉, o de cualquier planeta, y reste el día y hora de nacimiento de éste; la diferencia será *el arco de dirección*. Este arco debe ser transformado en tiempo en la proporción de 1 año por 1 día, 1 mes por 2 horas. La Luna también forma aspectos en el cielo después del nacimiento, independientemente del lugar, en la figura de nacimiento; éstos también deben ser anotados y el *arco de dirección* encontrado de la misma forma.

Ejemplo. En la natividad de Ada, la ☾ llega a un paralelo de declinación del ☉ a las 20 h 29 min el 18 de diciembre de 1815. Y desde su nacimiento que mide 8 días 7 horas y 29 min, igual a 8 años, 3 meses y 23 días, que es el 2 de abril de 1824, entre la quincena del momento de la muerte de lord Byron, a las 21 h 42 min, que nos lleva al 19 de abril de 1824, el día en que murió su padre, ella tenía una declinación de 23° 17´, y ese mismo día también tenía una declinación al mediodía de 23° 17´.

Sobre las revoluciones, lunaciones, tránsitos...

La *revolución del sol* es su regreso al lugar que ocupaba en el momento del nacimiento. Podría ser considerada como algo insignificante y la figura levantada con la misma A.D. del M.C. que la del momento del nacimiento, y los lugares ocupados por los planetas, señalados; y según si el ☉, la ☽, el ascendente o el M.C. están bien aspectados por los planetas en ese momento, el nativo se verá influenciado durante el siguiente año. Si la revolución concuerda con las direcciones que están actuando, ello le proporciona un mayor poder, puesto que se trata de una influencia adicional; pero, si de todas formas no existen aspectos cercanos en la revolución, entonces tendrá muy poco efecto.

Ejemplo. En la natividad de Ada, el ☉ regresaba a la posición que ocupaba de nacimiento exactamente a las 11 h 30 min del 10 de diciembre de 1823; y a continuación aparecen los lugares ocupados por los planetas durante esta revolución.

Planeta	♅	♄	♃	♂	☉	♀	☿	☾
Long.	♑ 10° 19´	♉ 18° 20´	♋ 8° 23´	♍ 24° 4´	♐ 17° 40´	♏ 1° 14´	♐ 16° 0´	♓ 14° 12´
Dec.	23° 25´	15° 0´	23° 5´	4° 18´	22° 54´	9° 30´	23° 35´	2° 15´

Tal y como podéis observar, encontramos a ♃ en paralelo con el ☉; pero su naturaleza benéfica se halla enturbiada por estar ☍ a ♅, y al poseer tanto ☿ como ♅ la declinación del ☉, ello aflige a esta luminaria, y en una natividad infantil, tiende a perjudicar al padre.[12] La Luna se está separando de un △ de ♃ y aplicándose a una □ cercana del ☉ en la raíz o tema natal; también está en □ con el lugar ocupado por ♅ en el momento del nacimiento; y al haber regresado a su propia declinación, está más capacitada para

---

12. En el movimiento secundario, el ☉ ha conseguido exactamente esta maléfica declinación de ♅, 23° 25´.

hacer el mal; puesto que la Luna en su propio lugar en cualquier momento tiene más poder tanto para lo bueno como para lo malo, según como esté aspectada, más que en cualquier otra situación. El ☉ también está □ con ♂, que todavía es más maligno por formar un aspecto de sesquicuadratura con el lugar radical de Saturno; y, finalmente, la ☽ está muy afligida al formar una □ exacta con ☿. Todas estas posiciones realmente nefastas, así como otras muchas que he preferido omitir, nos indican que ese año fue realmente muy duro para la nativa. En consecuencia, cuatro meses después perdió a su padre. Cuando el ☉ regresó a su lugar en diciembre de 1834, la ☽ estaba en su lugar radical, formando un sextil con ♃ ; ♂ y ♀ en paralelo, la última estando en aspecto con la ☽. La dama contrajo matrimonio durante ese año.

LUNACIONES. La Luna Nueva o Llena que precede inmediatamente cualquier acontecimiento importante, normalmente suele mostrar, por la posición de las luminarias en cuanto a lo que concierne a los lugares ocupados por los planetas en la raíz, o tema, y durante la revolución, la naturaleza de los acontecimientos que están a punto de tener lugar.

Ejemplo. La Luna Llena que precedió la muerte de lord Byron estaba a 15 h 47 min el día 13 de abril de 1824; y observamos que el ☉ estaba a 23 ½ grados de ♈, el lugar radical de ♂, al estar, por supuesto la ☽, a 23 ½ grados de ♎, ☍ a ♂ de nacimiento; ♂ y ♀ poseen la misma declinación 3° ½, que está muy cerca de la de la ☽ de nacimiento y de la de la última revolución. La declinación de la Luna era 13° 45´, muy parecida a la de ♄ durante la revolución; el ☉ y ☿ a 9°, la de ♂ en el momento del nacimiento. El 26 de junio de 1835, la Luna Nueva caía en la cúspide de la casa 4ª en ✶ con ♂, que estaba en △ con el M.C.; y el ☉ y ♃ estaban en paralelo en la declinación del ☉ en el momento del nacimiento.

TRÁNSITOS. Se trata del paso de un planeta sobre cualquier parte importante de la figura radical, o tema natal, o de la figura *revolucional,* tal y como los lugares ocupados por el ☉, la ☽, el ascendente, el M.C., etc., a no ser que estén entre dos o tres semanas antes del cumpleaños, los tránsitos sobre los lugares radicales tienen mucho menos efecto; pero si tienen lugar cerca del día del cumpleaños, son muy importantes, en subordinación, sin embargo, con las direcciones en acción. El 19 de mayo de 1835 había un *tránsito* de ♃ sobre el lugar del ☉, ♂, en △ con la ☽ y ♅, y ♀ ☌ al ♂ de nacimiento. No tengo ninguna duda de que, durante esta época, la nativa se comprometería a contraer matrimonio. Los tránsitos de ♄ sobre la ☌ o la ☍ del ☉ siempre son muy poderosos, en particular si permanecen estacionarios.

El día en que falleció lord Byron, la ☽ acababa de abandonar la □ del lugar con ♂ y la sesquicuadratura de ♄ en la revolución, encontrándose en el día fatídico a 10° 4´ de ♑, exactamente en el lugar de ♅ durante la revolución; y en paralelo con ☿ y ♅ en ese momento, y su propia declinación en la dirección secundaria 23° 17´.

INGRESOS. Los lugares a los que han llegado el ☉, la ☽, el M.C. y el Asc. por movimiento direccional en el zodíaco también son dignos de tener en cuenta; al igual que los tránsitos que pasan por encima o forman aspectos con ellos asimismo poseen importantes efectos. Por ejemplo, observamos que el ☉ ha llegado a 26° 20´ de ♐ por su movimiento en el zodíaco en el momento en que la nativa perdió a su padre; tal y como puede verse llevando al ☉ hasta ese punto por ascensión oblicua en su polo, tal y como explicábamos en el libro II, página 103 y siguientes. Ahora, el 17 de abril de 1824, la ☽ cruzaba ese punto del zodíaco, estando en □ con ♂; y el día que falleció el padre de la nativa, el maléfico

♂ se encontraba transitando la □ de este mismo punto, estando a 26° 10´ R. en ♍: a cuya naturaleza maléfica debemos añadir su retrogradación. El ☉ había llegado a los 8 grados de ♑, por dirección, a la edad de 19 años, 7 meses en declinación 23° 13´. Y el 7 de julio de 1835, ♃ estaba en esta declinación exacta... ¡y fue cuando la nativa contrajo *matrimonio*!

Por ello, a través de la dirección primaria del paralelo profundo ☉ ♄, que coincide exactamente con el momento de la muerte del padre; por la maléfica dirección secundaria de la ☽ en paralelo con el ☉; por una revolución maléfica, en la que el ☉ estaba □ a ♂, y la ☽ □ al ☉, a ☿ y a ♂, con otros testimonios negativos; por una lunación realmente fatal, la Luna Llena del 13 de abril de 1824 y por un violento ingreso por la □ del lugar del ☉ en el zodíaco por dirección, y tránsitos de la ☽ por encima del cuerpo de ♅ en la revolución, su declinación exacta en la dirección secundaria, y ♅ a la del ☉ en el momento del nacimiento, así como por los numerosos casos similares en el ejemplo del matrimonio, encontramos una abundante cosecha de evidencias en esta natividad de la maravillosa armonía y poder de la influencia planetaria. El estudiante puede confiar en que, cuando se encuentre con personas que niegan su existencia, es porque no la habrán examinado con profundidad y con toda probabilidad, ni siquiera habrán practicado ningún tipo de examen, sin embargo: «¡NADIE DEBERÍA CONDENAR A AQUEL QUE NO COMPRENDE!».

PROGRESIONES. Se trata de las posiciones que forma la ☽ en su curso, al permitir una lunación sinódica por un año de la vida del nativo; proporcionando el radio de movimiento en cualquier lunación posterior a la del nacimiento, llegamos al lugar de la ☽. Por ello, podemos observar que 19 lunaciones después, lo que tuvo lugar el 24 de junio de 1817 a 10° 57′ de la mañana, el ☉ estaba en △ con ♃ y la ☽ ☌ a ♀ en este tema radical. La forma de utilizar este movimiento progresivo de la ☽ es la siguiente:

El lugar ocupado por la Luna en el momento del nacimiento y su movimiento en el primer mes de vida influyen durante el primer año de vida; y cuando llega *a la misma distancia en longitud* desde el Sol que en el nacimiento, que está al final de un mes sinódico, empieza a ejercer su influencia al año siguiente. Y de esta forma, la ☽, en su progreso, siempre influye durante un año por un mes de movimiento. Para encontrar la posición de la ☽ durante cualquier período de la vida, observe que ésta *acabe* 12 lunaciones, y entre en la 13ª, justo 11 días antes de *un* año después del nacimiento; y que 24 lunaciones se acaban en 22 días antes de los 2 años después del nacimiento; y 36 lunaciones (coincidiendo con la edad de 36 años) en 33 días antes de los 3 años, etc.

En la carta astral de Ada, la ☽ estaba a 3 signos 17° 59′ = 107° 59′ del Sol. Y la encuentro a la misma distancia el 23 de junio de 1817, a las 15 h 46 min; por ello, esto completa la 19ª lunación. La 20ª lunación se completa el 22 de julio, a las 20 horas, 18 min. El tiempo entre éstas es exactamente 700,53 horas. Observo que la ☽ está ☌ a ♀ a las 14 h 30 min el 10 de julio, estando justo 406,7 horas después de la conclusión del 19° progreso. Entonces, digo, (horas) 700,53: (días) 365,25 : : (horas) 406,7 : (días) 212, que van desde el cumpleaños de 1834 hasta el 10 de julio de 1835, y el día 7 de ese mes, la nativa contrajo matrimonio. Es digno de observación que el día del casamiento, la ☽ ingresaba en el lugar de ♃ en el progreso, y ♀ también poseía la declinación tanto del ☉ como de la ☽.

N. B. Para encontrar la hora en la que la ☽ formará el mismo aspecto con el ☉ que en el momento del nacimiento, siga la regla recomendada para las direcciones secundarias.

Lugar ocupado por los planetas en el momento de la muerte de lord Byron.

Planeta	♅	♄	♃	♂	☉	♀	☿	☽
Long.	♑ 15° 46′	♉ 23° 35′	♋ 5° 19′	♍ 26° 10′	♈ 29° 21′	♈ 2° 37′	♉ 7° 20′	♑ 10° 4′
Dec.	22° 55′	16° 52′	23° 30′	3° 40′	11° 15′	0° 24′	14° 28′	23° 17′

Cómo rectificar el momento estimado del nacimiento con el fin de encontrar el momento exacto

A no ser que el momento del nacimiento de un niño sea anotado cuidadosamente por un astrólogo, o con fines astrológicos, es muy probable que sea incorrecto; y un error de medio minuto puede posponer una dirección unas seis semanas, mientras que un error de dos minutos hace que una dirección sea incorrecta durante seis meses; por ello es importante que aprendamos a conocer el verdadero momento del nacimiento, cuando tan sólo disponemos de lo que, a partir de ahora, denominaremos el momento «estimado» del nacimiento.

Para llevar a cabo nuestro propósito, deberemos levantar la carta del cielo para el momento estimado del nacimiento y completar el espéculo del lugar ocupado por los planetas para ese momento; entonces, si el tema pertenece a una persona que tan sólo ha vivido unos pocos años, descubra dos o tres de los acontecimientos importantes que le hayan ocurrido al nativo, y los períodos durante los cuales tuvieron lugar y, entonces, calcule el *arco solar* para cada uno de estos períodos.

Cómo calcular el arco solar

Regla. Convierta la edad durante la cual tuvo lugar el acontecimiento en días y horas después del nacimiento, otorgando un día por un año, y dos horas por un mes; añada este número de días y de horas al momento del nacimiento, y mire en las Efemérides la longitud a la que habrá llegado el Sol en ese período; entonces, encuentre la A.D. correspondiente a esta longitud, y réstele la A.D. del ☉; la diferencia será el *arco solar* requerido.

Ejemplo. En la natividad de Ada, disponemos del momento estimado de nacimiento proporcionado por lord Byron (pág. 49), que es una hora después del mediodía del 10 de diciembre de 1815; para el cual, habiendo levantado la carta astral, y hallado el lugar ocupado por los planetas, etc. procederemos a rectificar, con el fin de encontrar el verdadero momento del nacimiento.

La muerte del padre de la nativa tuvo lugar el 19 de abril de 1824, cuando la nativa tenía 8 años, 4 meses y 9 días. Estos 8 años y 4 meses equivalen a 8 días, 8 horas del tiempo después del nacimiento.

	Días	Horas
Al momento del nacimiento, diciembre de 1815	10	1
añada el momento de la muerte del padre el	8	8
Momento del accidente	18	9

La longitud del ☉ a las 21 horas del 18 de diciembre de 1815 estaba a 26° 9´ de ♐, y su A.D. es 265° 48´ – A.D. del ☉ en el momento del nacimiento, 256° 35´ = *arco solar* para el momento de la muerte de su padre, 9° 13´.

Una vez encontrado el *arco solar*, observe si hay alguna dirección que caiga cerca, cuya naturaleza se corresponda a la naturaleza del accidente, de acuerdo con las reglas «Cómo juzgar el efecto de las direcciones» (pág. 83); y, entonces, si se trata de una dirección hacia cualquiera de los ángulos o de un paralelo profundo, sólo tiene que encontrar la diferencia entre el *arco solar* y el ARCO DE DIRECCIÓN para conocer el error del momento estimado de nacimiento.

Ejemplo. Arco solar para la muerte del padre ...... 9° 13´
Arco para el paralelo profundo ☉ ♄ 9 7
Error en minutos de un grado 0 6

Entonces, si sacamos 6´ de la A.D. del M.C., obtendremos 273° 16´; queda así demostrado que el *verdadero* momento del nacimiento ha sido 24 segundos antes del momento indicado.

Este error, aun siendo tan trivial, provocaría aproximadamente un margen de un mes de error en las predicciones realizadas a través de las direcciones hacia los ángulos, pero no poseerá ningún efecto sensible en las demás direcciones, y ninguno en absoluto en aquellas relacionadas con el ☉ o la ☽ en el zodíaco.

Pero, si quiere hacerlo correctamente, añada 6´ al arco de dirección para cada paralelo profundo y para cada aspecto con el ascendente o el M.C. Las direcciones hacia los paralelos recíprocos y directos deben ser estudiados de nuevo puesto que quizá requieran una corrección equivalente a dos meses en la vida de la nativa.

Si ninguna dirección a un ángulo o a un paralelo profundo se aplica de cerca (porque es raro que los nacimientos, aunque sean anotados, no tengan un error de cinco minutos), debe observar si algún paralelo o cualquier otro aspecto mundano se corresponde con el accidente; y si encuentra que así es, pero que el error sobrepasa 10´ de un grado (o, si elige ser muy correcto, si hay un error de más de 2 o 3 minutos de un grado), aplique la siguiente regla:

Regla para encontrar el verdadero momento del nacimiento

Regla 1. Reduzca la distancia al meridiano del ☉ o de la ☽, que siempre dirigirá en minutos y llámela la *primera* posición; entonces añada un grado a esta distancia al meridiano, reduciéndola también a minutos, y llámela la *segunda* posición; entonces oponga el lugar de la segunda posición al error del arco de dirección, multiplíquelos juntos y llame al resultado A. Trabaje la misma dirección con la distancia al meridiano alterada (teniendo cuidado de corregir también por un grado la distancia al meridiano del planeta utilizado); encuentre el error de este arco de dirección, y colóquelo en oposición a la primera posición. Multiplique éstos juntos y llame al resultado B.

Regla 2. Si *ambos* errores son *mayores* o *menores* que *el arco solar,* encuentre la *diferencia* entre los errores y conviértala en divisor; encuentre también la diferencia entre A y B y conviértala en dividendo; el cociente será la verdadera *distancia al meridiano* del ☉ o de la ☽ en el momento del nacimiento, la diferencia entre ésta y la cantidad de la distancia al meridiano, que se hizo en la primera posición, es el error de la A.D. del M.C. en el momento estimado del nacimiento.

Regla 3. Pero si *un* error es *mayor* y el *otro menor* que el *arco solar,* tome la *suma* de los errores como divisor, y la suma de A y B como dividendo; y el cociente será la verdadera distancia al meridiano al igual que antes.

Observación. Una vez haya alcanzado la verdadera distancia al meridiano del ☉ o de la ☽ por medio de esta operación, y sepa en cuánto debe aumentar o disminuir el M.C., con el fin de averiguar la verdadera A.D. del M.C., convierta esta corrección en *tiempo,* y añádala o dedúzcala del momento estimado de nacimiento y obtendrá el *verdadero momento del nacimiento.* Y observe también que todas las direcciones que haya utilizado para los ángulos, incluyendo los paralelos profundos, asimismo deben ser corregidas por esta cantidad.[13]

Ejemplo. Suponga la estimada A.D. del M.C. 273° 22´, distancia al meridiano de la ☽ 86° 7´, distancia al meridiano de ♀ 63° 5´, y que encuentre que el arco de la ☽ en paralelo a ♀ D.D. es de 22° 22´, mientras que el acontecimiento que creo ha provocado da un *arco solar* de 22° 38´; el primer error es 16´ *demasiado pequeño.*

Añada 1° a la primera posición, y el *segundo error* se convertirá (tal y como vimos al utilizar las direcciones) en 2° 20´ o 140´, *demasiado pequeño.*

1ª posición 86° 7´ o 5167 x 2° error 140 B = 723380
2ª posición 87 7 o 5227 x 1° error 16 A =   83632
                                    ———   ———
                                    124   639748

Aquí 639748 − 124 = 5159´ u 85° 59, la verdadera distancia al meridiano de la ☽; la cual difiere 8´ de la del momen-

---

13. Debemos trabajar de nuevo con las otras direcciones, y corregir los polos del ☉, de la ☽ y de los meridianos.

to estimado, y sólo 2´ de la del momento tal y como se rectifica por medio de un paralelo profundo ☉ ♄. Este último es sin duda el verdadero momento del nacimiento, ya que nos proporciona el paralelo Luna-Venus D.D. el 12 de mayo de 1836, día en el que la nativa dio a luz a un hijo y heredero, lo cual estuvo provocado por esta influencia.

Observación. Las mejores direcciones para rectificar el momento estimado de nacimiento son las de ♂, pues, por regla general, sus efectos se corresponden muy de cerca con el momento de la dirección. En el caso de las direcciones de Saturno, los acontecimientos pueden tardar algo más en manifestarse, y la dirección puede medir algunos minutos más o menos que el arco solar. Y aconsejo corregir el tiempo por medio de los accidentes que le hayan ocurrido a la persona, si podemos tener conocimiento de ellos, tales como caídas serias o heridas, enfermedades repentinas, etc. El sarampión, la escarlatina o la viruela normalmente suelen ser enfermedades provocadas por ♂, pero a veces también por el ☉, en particular si está aspectado por ♂. Por regla general, si el ☉ o ♂ forman una semicuadratura o sesquicuadratura hacia el ascendente durante la primera parte de la vida, estas enfermedades suelen darse durante esa época. La muerte de los padres del nativo, si es que ésta ya ha tenido lugar, también es un accidente que puede ayudarnos a rectificar el momento del nacimiento, puesto que siempre suele ocurrir durante unas direcciones poderosas. Pero recomiendo tomar en consideración como mínimo dos, y a ser posible tres, acontecimientos o «accidentes» tal y como los denominan los astrólogos, para rectificar el momento del nacimiento. Y debéis tener en cuenta que si, finalmente, no conseguís el verdadero momento del nacimiento con una diferencia de *medio minuto,* probablemente no podáis ser correctos en vuestras predicciones en cuanto al momento en el que tenga lugar toda esta serie de acontecimientos dentro del transcurso de la vida del nativo.

Cómo juzgar el matrimonio en la natividad de la hija de lord Byron

Puede servir de práctica muy útil al joven estudiante examinar las direcciones en la natividad de esta dama, las cuales auguran matrimonio. Éstas son las siguientes:

☽ par. ♃ D.D.   20° 45´
☽ par. ♃ Con.   21° 48
M.C. ✶ ☉   21 54   M.C. ☉   21° 54´
☽ par. ♀ D.D.   22 38   A.D. del ☉ 256° 35
☽ par. ♀ Con.   23 35   ──────
                          278 29 A.D. de ♑ 7° 47´,

a la que llega el ☉ 19 días 18 horas después del nacimiento, lo cual tendrá lugar a los 19 años y 9 meses.

Observaciones. Las anteriores series de direcciones empezarán a actuar a la edad de 18 años y 6 meses y, aproximadamente, durarán hasta los 21 años, durante los cuales la nativa será muy afortunada y recibirá muchas ofertas de matrimonio; y al ser la dirección más poderosa la del ✶ M.C. ☉, ésta será la que provoque dicha circunstancia.[14]

---

14. Realicé esta predicción y apareció en la primera edición un año y medio antes de que tuviese lugar el acontecimiento.

Regla para calcular el tiempo en el que la ☽ forma los aspectos

Regla 1. Tome la totalidad del movimiento de la ☽ en 24 horas, de la que deberá restar la cantidad del movimiento del planeta (pero si el planeta es retrógrado, deberá añadirla), y la diferencia o suma será la aceleración de la ☽.

Regla 2. Entonces, encuentre lo alejada que estaba la ☽ del aspecto durante el mediodía anterior al de su formación; y diga: si la aceleración de la ☽ da 24 horas ¿qué dará la distancia de la ☽ desde el aspecto? La respuesta es el tiempo después del mediodía anterior, cuando se formará el aspecto.

Ejemplo. Requerido el momento en el que la ☽ forma un ✶ con ♃ el 29 de diciembre de 1815:
Lugar ocupado por la ☽ al mediodía
el 30 de diciembre .... ♑ 6° 38'[15] ♃ ...... ♏ 5° 35
Lugar ocupado por la ☽ al mediodía
el 29 de diciembre .... ♐ 23° 58 ♃ ...... ♏ 5° 26
Movimiento de la ☽ en 24 h ..... $\overline{12° 40}$ mov. de ♃ 9
De ♃ durante las mismas 24 h ... $\underline{9}$
como la aceleración de la ☽ ..... 12° 31′ 8,8422
✶ de ♃ al mediodía
del 29 a 5° 26′ de ♑ a 24 0 8751
Ídem lugar ocupado por la ☽
a 23° 58′ de ♐ distancia de la ☽
del ✶ de ♃ a 11° 28′ así .... 11 28 .... $\underline{1{,}1958}$
9131

---

15. Para realizar esta resta, tome 30° y, entonces, de 36° 38′ reste 23° 58′.

	D.	H.	M.
Al momento en que se formó el ✶	0	21	59
Añada el día	29	0	0
	29	21	59
De ello, reste el momento del nacimiento	10	1	7
Queda el momento después del nacimiento del ✶ ☽ ♃	19	20	52

La ☽ llega a formar un ✶ con el lugar radical de ♀ el 1 de julio de 1835 en la natividad de la condesa de Lovelace, y el matrimonio de la joven dama tuvo lugar el día 7 de ese mes. Éste es el cálculo:

Movimiento de la ☽ en longitud, desde el 29 al 30 de diciembre, 1815 = 12° 40´; el ✶ de ♀ cae a 1° 32´ de ♑: la longitud de la ☽ del 29 de diciembre 23° 58´ de ♐, que dista 7° 34´. Entonces 12° 40´: 24 h : : 7° 34´ : 14 h 20 min.

	D.	H.	M.
Entonces, esto es	29	14	20
– el momento del nacimiento ...	10	1	0
	19	13	20

= 19 años, 6 meses, 20 días; lo cual, añadido al 10 de diciembre de 1815, nos lleva al 1 de julio de 1835; siendo una prueba de la influencia de las direcciones secundarias. El ✶ M.C. ☉ fue la primera causa en actuar.

A continuación, voy a proporcionar algunas direcciones de la natividad de esta joven dama con el fin de que el estudiante pueda practicar con ellas; y le aconsejo que profundice en cada una de ellas para su propia satisfacción.

Direcciones en la natividad de la hija de lord Byron

Observaciones

☽ ☌ a ♂ conv.	1 34
Asc. △ con el ☉	2 37
Asc. S.S.Q. con ♅	2 51
Asc. ☌ a ♂	4 45

Éstas tuvieron lugar durante la primera infancia, y le causaron una multitud de enfermedades sin importancia.

Ésta tuvo lugar a partir de los 4 años y 3 meses; y a partir de esa edad hasta los 4 años y 6 meses, la nativa se volvió propensa a sufrir el sarampión, la escarlatina, la viruela, fiebres, la varicela, etc. Creo que es probable que la nativa hubiese padecido esta última enfermedad.

Asc. S. □ con ♄	5 49
☽ par. prof. con ♂	6 0

Ésta tuvo lugar a los cinco años y medio, en cuya época pudo haber sufrido alguna enfermedad. Pero la madre de la nativa se halla reflejada por la ☽ y no me cabe ninguna duda de que tuvo muchos problemas bajo estos aspectos, porque en la natividad de los niños, la influencia de las direcciones que no afectan a la salud, influyen en los padres, los cuidadores, la familia, etc.

☉ □ ♄ conv.	7 2
Asc. ☌ ☽	7 8

Éstas entraron en acción a los 6 años de edad y no me cabe ninguna duda de que, durante esa época, la salud de la nativa sufrió serios reveses. Esta influencia permaneció hasta

☉ par. prof. con ♄	9 13	
☉ ⚹ Júpiter D.D.	9 21	
☉ ☌ ♅ conv.	9° 32′	
☉ ⚹ ♀ D.D.	11 14	
☽ par. zod. con ♂	11 41	
Asc. S.S.Q. con el ☉	12 16	
Asc. ☍ a ♃	12 45	
Asc. □ con ♄ zod.	14 6	
☽ □ con ♄ zod.	14 48	

bien pasados los 7 años. Y la familia (particularmente la figura *paterna,* que siempre se halla representada por el Sol) se vio afligida por peleas domésticas, etc.[16] Ésta provocó la *muerte* del padre de la nativa cuando tenía 8 años y 4 meses de edad. Considero que éstas hicieron que la nativa se beneficiase del *testamento* de su padre, al estar éste a su favor. Estas direcciones resultan favorables para los asuntos familiares; pero creo que la última, a sus 11 años, causó grandes sufrimientos a la madre de la nativa. Creo que a los 12 años, estas le provocaron pérdidas de dinero y vejaciones, aunque no estrictamente materiales. La parte peor fue cuando estaba a punto de cumplir los 12 años, ya que su salud empeoró. Sobre los 12 años y 9 meses de edad parecen empezar a tener lugar las enfermedades, los golpes y las contusiones, así como

---

16. Me enteré entonces de que padecía de fuertes dolores de cabeza y fiebres y de que se hallaba seriamente afectada por ello.

Asc. ☍ a ♀	14 44
☉ ☌ a ☿ conv.	14 48
☉ ✶ ♃ zod.	15 36
Asc. ✶ ♄	16 33
☉ par. ♄ conv.	17 29
☉ p. ♄ D.D.	19 28
☉ ☐ ☽ zod.	19 22

muchos problemas en el seno familiar, con la muerte de alguna relación, cuando la nativa estaba a punto de cumplir los 13 años, o a los 13 años y 2 meses. Y, al cumplir los 14 años, durante toda la primera parte del año, la nativa tuvo serios trastornos de salud a causa del efecto de estas direcciones, las cuales producen *debilidad,* así como enfermedades típicas femeninas, enfriamientos, etc. Pero esta benéfica dirección, que tuvo lugar alrededor de los 14 años, mejoró muchísimo tanto la salud como los ánimos de la nativa. Y a la edad de 15 años se volvió mucho más seria, estudiosa y cuidadosa en su conducta, viéndose beneficiada por la amistad de personas mucho más mayores que ella, o recibiendo una herencia, etc. Pero con este aspecto inarmónico, a los 15 años, 6 meses, y algunas semanas después, sobre todo alrededor del mes de julio de 1831, la nativa parece haberlo pasado muy mal. Creo que, probablemente, se le haya podido morir alguna amistad, y su propia salud tampoco debió de haber sido demasiado buena. Estas tres direcciones, realmente maléficas, tuvieron lugar alrededor de

☽ par. prof. con ☿ 19 45

☉ △ ♄ conv. 26 20

☉ par. prof. con ♀ 27 35
☉ par. prof. con la ☽ 27 35
☉ par. prof. con ♂ 27 56
Asc. ☍ a ☿ 29 10

finales de mayo de 1833; pero permanecieron activas por algún tiempo durante la primavera y el verano de 1833. Verdaderamente, sobre el mes de abril, parecen haberle causado serios trastornos puesto que, durante esa época, la Luna formaba un paralelo con Saturno en el segundo movimiento, y me temo que la nativa haya podido sufrir muchas enfermedades y vejaciones. Tenía algún trastorno en los ojos, probablemente provocado por algún constipado, y estaba muy preocupada por algún *amigo muy cercano*, el cual, probablemente, falleciese.

La siguiente sucesión de direcciones ya fue comentada con anterioridad y probablemente fue la que causase el matrimonio de la nativa. Por ello me limitaré a nombrar estas direcciones y ninguna más, dejando que sea el estudiante quien las compare. Poseerán un poderosísimo efecto, y pueden ser consideradas verdaderamente peligrosas, aunque el aspecto de ♀ hacia el hileg proporciona esperanzas, puesto que ♀ ocupa una posición fuerte al estar ☌ a ♃. Estas direcciones afectarán al marido de la nativa.

Glosario de términos astrológicos aplicables a las natividades

AFLICCIÓN. A cualquier planeta que esté mal aspectado por otro, o en posición poco afortunada, se lo considera *afligido*.
AMBIENTE. Cuando se habla de los cielos de forma general.
ÁNGULO. La 1ª, 4ª, 7ª y 10ª casas. Cuando los planetas están allí situados, son mucho más poderosos que en cualquier otra situación. Su fuerza, de mayor a menor, es: 10ª, 1ª, 7ª y 4ª.
APLICACIÓN. Aplicar. Este término significa la aproximación de cualquier planeta hacia el cuerpo o aspecto de otro, o hacia la cúspide de cualquier casa.
ARCO DIURNO. Es la longitud del tiempo de esa parte del cielo en la que se encuentra cualquier planeta en el momento del nacimiento, estando por debajo de la Tierra; y normalmente suele medirse en grados.
ARCO NOCTURNO. Es la longitud del tiempo en la que se encuentra cualquier punto del cielo por debajo de la Tierra, desde que se pone hasta que asciende de nuevo. Normalmente suele convertirse en grados.
ASCENDENTE. La *primera* casa, o ese espacio entre el horizonte oriental y un tercio de la distancia hacia el meridiano por debajo de la Tierra.
ASCENSIÓN DIRECTA. La distancia a la que cualquier cuerpo o punto en el cielo se encuentra del principio de la eclíptica, o el primer punto de *Aries* en una esfera. Se mide sobre el ecuador en grados y minutos de grado, o en horas, minutos y segundos. Recibe la abreviatura de A.D.
ASCENSIÓN OBLICUA. Si una estrella no está en el ecuador, cuando ascienda, formará un ángulo con esta parte del ecuador que está ascendiendo al mismo tiempo, y a esto se le llama su *diferencia ascensional*.

BENEFICIOS. Los planetas ♃ y ♀.

CADENTE. Un planeta que ha sobrepasado cualquier ángulo, y permanece entre un tercio del semiarco de la cúspide de este ángulo. Todo el espacio de las casas 3ª, 6ª, 9ª y 12ª.

CASAS. Las divisiones de los cielos que forman *aspectos* de (✶, □ o △) con el meridiano o con el ascendente; o, en otras palabras, aquellos espacios que muestran *un tercio* del semiarco de cualquier planeta, tanto por encima como por debajo del horizonte. También son porciones de ascensión oblicua, consistentes en 30° cada una, o *una doceava* parte del círculo completo de 360 grados, siendo cada uno de ellos igual a un signo del zodíaco; y, al igual que ellos, son doce en número, y son calculados desde el horizonte oriental hacia mano derecha, en el orden de los signos, siendo el ascendente la 1ª casa. (*Véase* figura 1, pág. 160).

CÍRCULOS DE POSICIÓN. Término astronómico utilizado para calcular la elevación polar de cualquier planeta. Hay pequeños círculos que guardan la misma relación con el círculo del meridiano que la que guardan los paralelos de latitud con el ecuador.

COMBUSTO. Al estar a unos 8 ½ grados del ☉, el planeta pierde parte de su poder (debido a las ardientes características del ☉) que es transferido a esta luminaria. Si el planeta tiene una gran latitud, el ☉ no poseerá demasiado poder sobre él a más de 7 grados de distancia.

CÚSPIDE. El principio de cualquiera de las doce casas. Es decir, el horizonte oriental es la cúspide de la 1ª casa; y el meridiano en el que se encuentra el ☉ al mediodía, es el principio o cúspide de la 10ª casa.

DECLINACIÓN. La distancia, norte o sur, a la que se encuentra cada cuerpo del ecuador. El ☉ nunca posee más de 23° 28′ de declinación, la cual tiene lugar cuando se encuentra en uno de los trópicos, y está provocada por el polo de la Tierra, al estar inclinado desde el plano de la órbita de la Tierra.

DESCENDENTE. La casa 7ª, o ese espacio situado desde el horizonte occidental hasta un tercio de la distancia hacia el meridiano que está por encima de la Tierra.

DESCENSO. El descenso de cualquier cuerpo desde el meridiano que está situado por encima de la Tierra hasta el que está situado por debajo; porque, aunque perdamos de vista al ☉ cuando se pone, sigue *descendiendo* hasta que alcanza el meridiano a medianoche.

DESCENSO OBLICUO. Es lo contrario que la ascensión oblicua (la cual ya hemos mencionado anteriormente).

DIFERENCIA ASCENSIONAL. Esto, sumado a su ascensión directa (A.D.) si tiene una declinación *sur*, pero restado, si tiene una declinación *norte,* nos proporcionará su ascensión oblicua.

DIRECCIÓN. La medida del espacio entre los cuerpos o aspectos de dos planetas, o la existente entre las dos partes del cielo, para comprobar en que período de la vida tendrá lugar el acontecimiento previsto. Esta distancia es un cierto número de grados de la A.D. del Sol, la cual, una vez la ha sobrepasado, la dirección ha sido completada. Se le llama el *arco de dirección.*

DIRECCIÓN SECUNDARIA. Los aspectos formados por la ☽ durante los días siguientes al nacimiento. Los días transcurridos entre el del nacimiento y el momento en el que tiene lugar el aspecto equivalen a un año de vida; es decir, si la ☽ forma un aspecto armónico con ♃ 21 días después del nacimiento, la nativa experimentará sus efectos alrededor de su veintiún cumpleaños.

DISTANCIA MERIDIONAL. La distancia a la que se encuentra cualquier cuerpo por A.D. del meridiano.

ECUACIÓN DEL TIEMPO. Debido al movimiento irregular de la Tierra alrededor del Sol, este último cuerpo no siempre llega al meridiano exactamente 24 horas después de su último paso sobre este punto; pero dado que todos los cálculos en las *antiguas* Efemérides para los lugares ocupados por los planetas están hechos para el momento en que el Sol se encuentra en el meridiano (*o mediodía aparente),* a veces, en ese momento el reloj suele marcar bastantes minutos, tanto anteriores como posteriores al mediodía. Esta diferencia entre el mediodía *aparente,* o el mostrado por el Sol, estando en el meridiano, y el mediodía *medio,* o aquel mostrado por el Sol, estando en el meridiano, y el mediodía *medio,* o el mostrado por un reloj correcto, es la *ecuación de tiempo,* que es la distancia angular medida en tiempo entre la media y la verdadera del Sol. La cantidad que debe añadirse, o sustraerse, al tiempo mostrado por el reloj viene proporcionado para cada seis días en mis Efemérides. Si las Efemérides dicen: «reloj antes del Sol», entonces, deberá restar el tiempo mencionado del tiempo de nacimiento; pero si dice: «reloj después del Sol», entonces deberá añadir el tiempo mencionado (que es la ecuación de tiempo) al tiempo de nacimiento, tal y como lo indica el reloj.

Ejemplo. Las Efemérides nos proporcionan la ecuación de tiempo para el 1 de noviembre de 1840: «el reloj se retrasa 16 min 17 s; por lo tanto, si el tiempo de nacimiento por el reloj era el 1 de noviembre de 1840, a las 18 horas en punto, el tiempo *aparente* de nacimiento sería 18 horas 16 min 17 s, para cuyo momento debería ser calculado el lugar ocupado por los planetas, etc., así como el mapa del cielo. Pero esta regla tan sólo puede aplicarse a aquellas Efemérides calculadas para el tiempo *aparente.* Mis Efemérides están calculadas para el tiempo *medio,* y no se necesita realizar esta corrección.

FIGURA DE LOS CIELOS (CARTA DEL CIELO). Es un mapa o representación del cielo en el momento del nacimiento de una persona determinada, que muestra los puntos del zodíaco ascendiendo, descendiendo o en el meridiano; y también aquellos puntos situados en la cúspide de cada casa, así como la situación de los planetas.

HILEG. Ese cuerpo o punto que es el dador de vida.

HILEGÍACOS (PUNTOS). La casa 1ª, desde 5° por encima hasta 25° por debajo de su cúspide; la 7ª casa, desde 5° por debajo hasta 25° por encima de su cúspide; la casa 9ª, desde 5° por fuera de su cúspide hasta la mitad del camino entre el medio cielo y el ascendente.

INGRESOS. Un tránsito por encima del lugar al que el ☉, la ☽, el M.C. o el Asc. han llegado en el zodíaco.

LATITUD. En la *Tierra* es la distancia de cualquier *lugar* norte o sur de la línea ecuatorial; en el *cielo* es la distancia entre cualquier cuerpo norte o sur de la línea eclíptica.

LONGITUD. En la *tierra* es la distancia de cualquier *lugar* este u oeste de Greenwich; en el *cielo* es la distancia de cualquier cuerpo desde el primer punto del zodíaco (Aries), 0° 0´, medida en la Eclíptica.

LUCES DE LAS LUMINARIAS. El ☉ o la ☽.

LUNACIÓN. La ☌, □ u ☍ del ☉ y la ☽; también la duración del tiempo durante el cual la ☽ parece moverse alrededor de la Tierra;[17] el tiempo que va desde la Luna Nueva hasta la Luna Nueva.

MALÉFICOS. ♅, ♄ y ♂.

---

17. El término «aparece» se utiliza porque, en realidad, la ☽ no se mueve alrededor de la Tierra.

M.C., MEDIUM COELI o MEDIO CIELO. El meridiano por encima de la Tierra.

MERIDIANO. Ese punto, que siempre es *sur* (donde el ☉ está al mediodía) es el meridiano por encima de la Tierra; y ese punto, que siempre es *norte* (donde el ☉ está a medianoche), es el meridiano por debajo de la Tierra.

MODERADOR. El ☉, la ☾, el Asc., el M.C. o la ⊕, porque cada uno de ellos actúa de una forma particular para sí mismo.

MOVIMIENTO CONVERSO. Es el provocado por la rotación diurna de la Tierra sobre su eje que hace que el ☉, la ☾... aparezca, ascienda, se acerque al meridiano, se ponga, etc. Se aplica particularmente al ☉ y a la ☾, cuando son conducidos hacia los promotores o sus aspectos.

MOVIMIENTO DIRECTO. En realidad se trata de un movimiento converso, pero se le llama así para distinguir el caso de los promotores cuando son dirigidos hacia los cuerpos o aspectos del Sol o de la Luna, cuyas direcciones, en cierta forma, son consideradas menos poderosas que las que tienen lugar por *movimiento converso*.

NODO. Aquella parte de la Eclíptica en la que un planeta pasa de la latitud norte a la sur, es su nodo sur; y en la que pasa de la latitud sur a la norte, es su nodo norte.

ORIENTAL, OCCIDENTAL. Desde la casa 4ª hacia el este hasta la 10ª es oriental; y desde la 10ª hacia el oeste hasta la 4ª es occidental. Pero el ☉ o la ☾ son *orientales* entre la 1ª y la 10ª y su cuarto opuesto, y son *occidentales* entre la 10ª y la 7ª y su cuarto opuesto.

PARALELOS. En el *zodíaco* son distancias iguales desde el ecuador, o con la misma declinación, tanto si son del mismo nombre o el opuesto. En el *mundo* son distancias iguales desde el meridiano, en proporción a los *semiarcos* de los planetas que los forman.

Paralelos profundos. Paralelos formados por el movimiento de la Tierra sobre su eje, cuando ambos cuerpos son absorbidos o transportados por el mismo hasta llegar a la misma distancia desde el meridiano.

Polo o elevación polar. El polo de un país es su latitud; el de un cuerpo en el cielo es una cierta elevación desde el meridiano hacia el horizonte. La palabra «polo» ha provocado una cierta confusión; se trata simplemente de una abreviatura de «elevación polar».

Promotores. Los planetas ♅, ♄, ♃, ♂, ♀ y ☿. Si el ☉ o la ☽ están dirigidos entre ellos, el dirigido puede ser denominado promotor; así pues si la ⊕, el ascendente o el M.C. se hallan dirigidos hacia el ☉ o la ☽, éstos se convierten en promotores porque son los que promueven, es decir, determinan el acontecimiento.

Radical; raíz. La figura levantada en el momento del nacimiento es la *raíz* o base a través de la cual se juzga todo; y el término radical se refiere a ello.

Rectificación. La corrección del supuesto momento de nacimiento para encontrar el *verdadero* momento.

Retrógrado. El movimiento hacia atrás que algunos planetas parecen experimentar en alguna ocasión, como consecuencia de la posición y del movimiento de la Tierra.

Revolución. El movimiento alrededor del ☉ realizado por la Tierra, que hace que parezca que el ☉ regrese a su lugar de nacimiento una vez al año; muy cerca de la fecha del cumpleaños.

Semiarco. A la mitad del arco formado por un planeta por encima de la Tierra si permanece *fijo* en el zodíaco desde el momento en el que asciende hasta el que se pone, se le llama su semiarco *diurno*. A la mitad del arco formado en idénticas circunstancias, pero por debajo de la Tierra, desde el momento en el que se pone hasta el que asciende, se le llama su semiarco *nocturno*. Si un planeta estuviese en el medio cielo, y no se moviese de su lugar en el zodíaco, se pondría, y entonces descendería hacia el meridiano norte exactamente en 12 horas siderales, porque la Tierra tarda 12 horas en dar la media vuelta; en consecuencia, tarde lo que tarde el planeta en llegar desde el medio cielo hasta el horizonte, si este tiempo está tomado de 12 horas, nos mostrará el tiempo que tarda en ir desde el horizonte hasta el meridiano por debajo de la Tierra. Por ello, si conocemos la longitud de un semiarco, deduciéndole 180° (que es la mitad del círculo), obtendremos el otro semiarco de esa parte de los cielos.

N. B. El espacio en el que estaba situado el planeta en el momento del nacimiento debe ser considerado como el planeta en sí mismo, porque su influencia se halla fijada en ese espacio durante toda la vida del nativo, aunque el planeta se mueva por el zodíaco, etc.

SEPARACIÓN. Cuando un aspecto ya ha pasado, se dice que los planetas, etc. se están separando de ese aspecto. Observe que en una natividad la influencia de cualquier aspecto hacia los moderadores es *más* poderosa si está a pocos grados pasados (unos 4 o 5), que si todavía no ha llegado a formarse.

SIGNIFICADOR. Es ese cuerpo o punto que es dirigido, puesto que representa la naturaleza de la influencia de la dirección. Es un término del que la ciencia ha abusado en exceso; es posible que incluso se pueda prescindir de él.

SIGNOS DE AGUA. ♋, ♏ y ♓.
SIGNOS DE AIRE. ♊, ♎ y ♒.
SIGNOS DE FUEGO. ♈, ♌ y ♐.
SIGNOS DE TIERRA. ♉, ♍ y ♑.

SUCEDENTES. Aquellas casas que están situadas entre las casas angulares y cadentes, es decir, la 2ª, la 5ª, la 8ª y la 11ª, y los planetas situados en ellas.

SUPERIORES E INFERIORES. ♅, ♄, ♃ y ♂ se llaman superiores porque están más allá de la Tierra; y ♀ y ☿ se llaman inferiores porque están entre la Tierra y el Sol. Por regla general, los primeros suelen ser mucho más poderosos y duraderos en sus efectos.

TIEMPO SIDERAL. Es la distancia angular del primer punto de Aries, o el verdadero equinoccio vernal. Por supuesto, se trata de la verdadera ascensión directa en el meridiano al mediodía, o el mostrado por un buen reloj.

TRÁNSITOS. Es el paso sobre el lugar de cualquier moderador o planeta, o de sus aspectos, tanto en el radical como en la revolución, etc. por cualquier otro cuerpo.

Una descripción de las doce casas

1ª casa. Ésta influye en la personalidad, en la salud y en el carácter del nativo. Los planetas armónicos nos muestran una excelente constitución, así como una disposición benevolente; los planetas inarmónicos, todo lo contrario.

2ª casa. Influye *en cierto modo* en las propiedades del nativo. Si los planetas son benéficos, suelen proporcionar riqueza, dependiendo de su naturaleza; los planetas maléficos, todo lo contrario.

3ª casa. Está relacionada con los viajes del nativo, con sus hermanos y con sus relaciones más cercanas.

4ª casa. Ésta influye en el padre del nativo, y sus propiedades tanto en tierras como en casas, en su herencia, etc.

5ª casa. Ésta afecta a sus hijos, así como a las cosas buenas o malas que pueda recibir a través de ellos.

6ª casa. Ésta nos mostrará algo sobre las características de las enfermedades que el nativo puede llegar a padecer.

7ª casa. Ésta influirá en el destino del nativo con respecto al matrimonio.

8ª casa. En parte, ésta acostumbra a señalar las características de su muerte.

9ª casa. Está relacionada con los viajes largos, así como con las tendencias filosóficas, científicas, legales, etc. del nativo.

10ª casa. Ésta influye *mucho* en su honor o crédito, así como en sus asuntos relacionados con el comercio, la profesión o el trabajo.

11ª casa. Esta casa nos mostrará el carácter de sus amigos, tanto verdaderos como falsos.

12ª casa. Ésta es la casa de los enemigos ocultos y dependiendo de la naturaleza de los planetas allí situados, el nativo podrá encontrarse con personas que intenten perjudicarlo en secreto.

Observación. El estudiante deberá mostrarse precavido y no confiar en exceso en los efectos de las casas, ya que éste ha sido uno de los mayores disparates de los árabes y de los antiguos escritores ingleses sobre el tema. Cuando una dirección ha sido completada, la casa en la que cae el cuerpo dirigido nos ayudará a determinar el carácter de las circunstancias que provocará; así pues, si el ☉ o la ☽ forman un aspecto inarmónico con ☿ en casa IX, o con ♅ (estando éste en aspecto inarmónico de nacimiento con ☿), probablemente provocarán un pleito. Si las direcciones tienen lugar en el ascendente, normalmente afectarán a la salud, o a los asuntos personales del nativo.

Figura 1

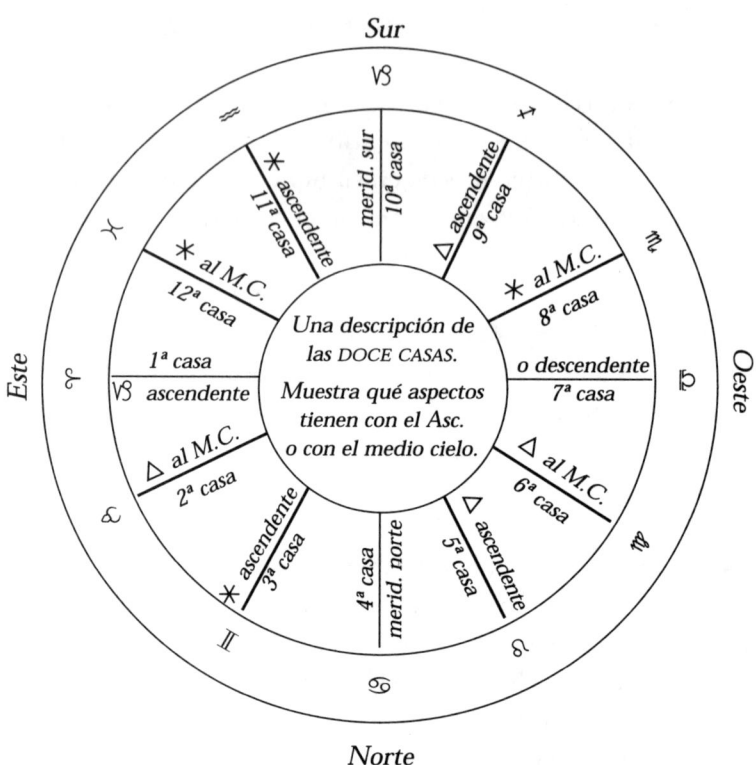

Figura 2

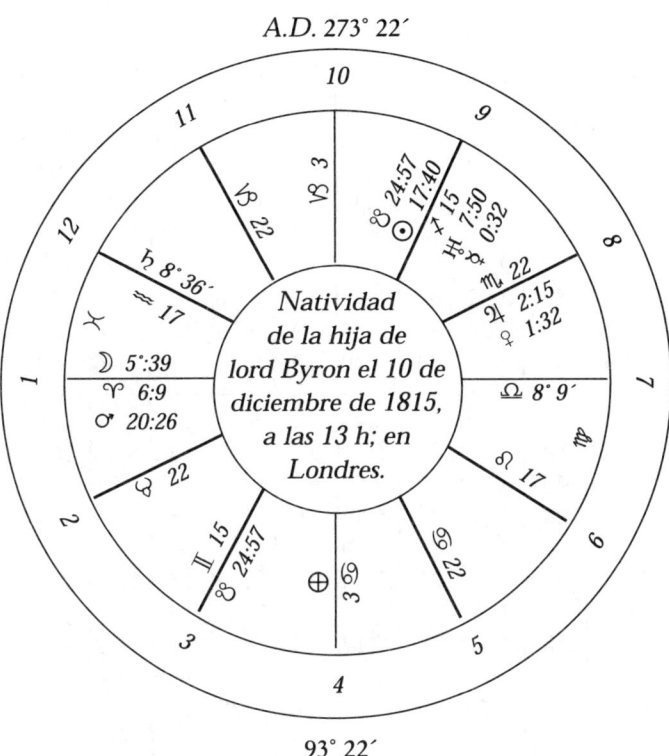

Tabla para convertir el tiempo en grados y minutos, o convertir grados y minutos en tiempo

°	H. M	°	H. M	°	H. M	°	H. M	°	H. M	°	H. M
'	M. S	'	'	M. S	'	'	M. S	'	'	M. S	'
1	0, 4	31	2, 4	61	4, 4	91	6, 4	121	8, 4	151	10, 4
2	0, 8	32	2, 8	62	4, 8	92	6, 8	122	8, 8	152	10, 8
3	0,12	33	2,12	63	4,12	93	6,12	123	8,12	153	10,12
4	0,16	34	2,16	64	4,16	94	6,16	124	8,16	154	10,16
5	0,20	35	2,20	65	4,20	95	6,20	125	8,20	155	10,20
6	0,24	36	2,24	66	4,24	96	6,24	126	8,24	156	10,24
7	0,28	37	2,28	67	4,28	97	6,28	127	8,28	157	10,28
8	0,32	38	2,32	68	4,32	98	6,32	128	8,32	158	10,32
9	0,36	39	2,36	69	4,36	99	6,36	129	8,36	159	10,36
10	0,40	40	2,40	70	4,40	100	6,40	130	8,40	160	10,40
11	0,44	41	2,44	71	4,44	101	6,44	131	8,44	161	10,44
12	0,48	42	2,48	72	4,48	102	6,48	132	8,48	162	10,48
13	0,52	43	2,52	73	4,52	103	6,52	133	8,52	163	10,52
14	0,56	44	2,56	74	4,56	104	6,56	134	8,56	164	10,56
15	1, 0	45	3, 0	75	5, 0	105	7, 0	135	9, 0	165	11,0
16	1, 4	46	3, 4	76	5, 4	106	7, 4	136	9, 4	166	11,4
17	1, 8	47	3, 8	77	5, 8	107	7, 8	137	9, 8	167	11,8
18	1,12	48	3,12	78	5,12	108	7,12	138	9,12	168	11,12
19	1,16	49	3,16	79	5,16	109	7,16	139	9,16	169	11,16
20	1,20	50	3,20	80	5,20	110	7,20	140	9,20	170	11,20
21	1,24	51	3,24	81	5,24	111	7,24	141	9,24	171	11,24
22	1,28	52	3,28	82	5,28	112	7,28	142	9,28	172	11,28
23	1,32	53	3,32	83	5,32	113	7,32	143	9,32	173	11,32
24	1,36	54	3,36	84	5,36	114	7,36	144	9,36	174	11,36
25	1,40	55	3,40	85	5,40	115	7,40	145	9,40	175	11,40
26	1,44	56	3,44	86	5,44	116	7,44	146	9,44	176	11,44
27	1,48	57	3,48	87	5,48	117	7,48	147	9,48	177	11,48
28	1,52	58	3,52	88	5,52	118	7,52	148	9,52	178	11,52
29	1,56	59	3,56	89	5,56	119	7,56	149	9,56	179	11,56
30	2, 0	60	4, 0	90	6, 0	120	8, 0	150	10,0	180	12, 0

Explicación de la tabla para convertir grados y minutos en tiempo, o viceversa

Regla para convertir grados en tiempo. Consulte en la columna marcada con grados y min para el número de grados requerido y, opuesto a ellos, en la siguiente columna, a mano derecha, estarán las *horas* y los *minutos*.

Regla para convertir minutos de grado en tiempo. Consulte en la columna marcada con grados y min para el número de minutos requerido y, opuesto a ellos, en la siguiente columna, a mano derecha, estarán los *minutos* y los *segundos* de tiempo.

N. B. Si los grados son más de 180, reste este número de ellos, y encuentre el tiempo para el resto; entonces, para ese tiempo añada 12 horas.

Ejemplo. ¿Qué tiempo corresponde a 49 grados y 27 minutos? El número opuesto a 49 grados es...

	3 h	16 min	0 s
El número opuesto a 27 min es		1	48
Respuesta	3	17	48

Regla para convertir el tiempo en grados, etc. Consulte en la página anterior las *horas* y *minutos* requeridos para los *grados* en la columna anterior; y si el tiempo está en *minutos y segundos,* esta columna nos mostrará *minutos* de un grado.

Una tabla para los polos de las casas para cada H&L grados de latitud en Gran Bretaña

Ascendente o 7ª casa	3ª, 5ª, 9ª u 11ª casas	2ª, 6ª, 8ª o 12ª casas
° ´	° ´	° ´
50 : 0	22 : 33	39 : 14
50 : 30	22 : 58	39 : 46
51 : 0	23 : 21	40 : 18
*51 : 32	23 : 48	40 : 53
52 : 0	24 : 12	41 : 24
52 : 30	24 : 44	42 : 4
53 : 0	25 : 6	42 : 32
53 : 30	25 : 32	43 : 5
54 : 0	26 : 1	43 : 39
54 : 30	26 : 30	44 : 13
55 : 0	26 : 59	44 : 48
55 : 30	27 : 29	45 : 24
56 : 0	28 : 1	45 : 59
56 : 30	28 : 33	46 : 36
57 : 0	29 : 6	47 : 13
57 : 30	29 : 40	47 : 50
58 : 0	30 : 15	48 : 27

* La latitud o polo de Londres.

Explicación de la tabla de los polos o casas

Esta tabla nos servirá para cualquier lugar de Gran Bretaña para el que deseemos levantar una carta astral. La 1ª columna nos muestra el polo de la 1ª y 7ª casas, que es siempre la latitud del país; la segunda columna nos muestra el polo de la 3ª, 5ª, 9ª u 11ª casas; y la tercera columna nos muestra el polo de la 2ª, 6ª, 8ª o 12ª casas. Si la latitud del lugar cae en cualquier sitio, incluso entre un grado y medio grado, una proporción debe ser inmediatamente calculada para la diferencia; es decir, si la latitud es la de Liverpool, 53° 25´, y se requiere encontrar el polo de la 12ª casa, diga, como 30 millas (48,27 km) es la diferencia entre los polos de la 12ª, para 53 grados y 53° 30´, que son 33 minutos, así es la diferencia de latitud 25 a la diferencia del polo 27 ½ minutos, a ser añadidos al polo de la 12ª para 53 grados. Por ello, el polo de la 12ª en Liverpool es 42° 59 ½ ´, que es corregido por medio de la trigonometría y hace que su verdadero polo sea 42° 59´.

Reglas para calcular la longitud de las cúspides de las casas

Para aquellas personas que no posean una tabla de casas, o para el caso en que el nacimiento haya tenido lugar muy lejos de la latitud para la cual ha sido calculada la tabla de las casas.

Regla 1. La ascensión oblicua de las casas se encuentra añadiendo 30° a la A.D. del M.C. para cada casa consecutiva; es decir, 30° para la 11ª, 60° para la 12ª, 90° para el ascendente; 120° para la 2ª, y 150° para la 3ª, etc.

Regla 2. Encuentre la distancia de la cúspide de la casa desde ♈ o ♎; la primera, restando su ascensión oblicua de 360 si es superior a 270°; o la última, restándola de 180° si es superior a 90°.

Regla 3. Añada el *log. coseno* de la ascensión oblicua de la cúsp. de la casa (reducido tal y como muestra la regla 2) al *log. cotangente* del polo de la casa: la suma es el *log. cotangente* del ángulo A.

Regla 4. Si la ascensión oblicua es *menor de* 90° desde *Aries*, añada 23° 28´ al ángulo A; si es *menor* de 90° desde *Libra*, reste la diferencia entre 23° 28´ y el ángulo A: al resultado, llámelo ángulo B.

Regla 5. Sume el complemento aritmético del *log. coseno* de B, el *log. coseno* de A y el *log. tangente* de la ascensión oblicua de la cúspide de la casa: la suma será el *log. tangente* de su longitud desde Aries o Libra, según el que esté más cerca por ascensión oblicua.

N. B. Si el ángulo B sobrepasa los 90°, reste el log. *seno* del exceso que supere los 90° en lugar del log. coseno, y encuentre su complemento aritmético. Y, en este caso, la longitud debe ser la calculada desde el equinoccio opuesto hasta el de la ascensión oblicua; si la ascensión oblicua fue medida desde ♈, calcúlela desde ♎; y si la ascensión oblicua fue medida desde ♎, calcule la longitud desde ♈.

Ejemplo. Si la A.D. del M.C. en Liverpool es de 273° 19´, ¿a cuántos grados del zodíaco está el ascendente?

A.D. del M.C. . . . . 273° 19´
Añada 90 ° para 3 casas 90   0
                                                                                            363 19
A.D. de ♈ 0° 0´ 360   0
Ascensión oblicua del ascendente 3 19

Log. coseno de 3° 19´ 9,99927
Log. cotangente del polo de Liverpool 53° 25´ .. 9,87053
Log. cotangente ángulo A, que es 53° 28´ 9,86980

Ángulo A .... 53° 28´
Añada (la asc. oblicua más cercana a ♈) ..... 23° 28´
La suma es el ángulo B .... 76° 56´

Log. cos. ángulo. B (A comp.) 0,64573
Log. coseno ángulo A 9,77473
Log. tang. oblicuo asc. desde ♈ = 3° 19 8,76306
Log. tangente de longitud desde ♈ = 8° 41 ... 9,18352

Podemos observar que la longitud del ascendente apenas difiere de la de Londres; lo cual no cambia nada, exceptuando el conducir a la ☽ hacia el ascendente por medio del movimiento secundario, puesto que, para tratar las direcciones,[18] se utiliza la A.D. del M.C., o ascensión oblicua del ascendente, y no la longitud.

18. Las tablas de casas para Londres y Liverpool, que encontrará en mis *Tablas para calcular las natividades*, harán innecesario recurrir a esta fórmula en cualquier parte de Inglaterra.

Apéndice

LOGARITMOS

La invención de los logaritmos se atribuye a lord Napier, barón de Merchiston, en Escocia, un reconocido astrólogo del siglo XVI. La primera tabla de logaritmos fue publicada por su inventor en Edimburgo, en 1614. Desde entonces, se han publicado muchísimas más; las mejores de todas cuantas he podido consultar han sido las del doctor Georgio Frederico Ursino, de 1827. Pero existe una edición más cuidada, publicada en 1839 por la Sociedad para la Difusión de los Conocimientos Útiles, más económica y correcta.[19]

Los logaritmos se inventaron para facilitar los complicados cálculos numéricos, con los que lord Napier tuvo muchos problemas durante sus investigaciones astrológicas. Transforman la *multiplicación* en *suma*, porque la suma del logaritmo de dos números cualesquiera es el logaritmo de su producto; y las *divisiones* por *restas*, porque el logaritmo del dividendo *menos* el logaritmo del divisor es *igual* al logaritmo del cociente. También el logaritmo multiplicado por el índice del poder aumenta el poder; y el logaritmo del número divido por el índice de la raíz extrae la raíz, etc.

Los logaritmos son una serie de números en progresión *aritmética*, que responden a otra serie de números en progresiones geométricas.

Las series más convenientes son las siguientes:

$$\frac{0}{1} \quad \frac{1}{10} \quad \frac{2}{100} \quad \frac{3}{1000} \quad \frac{4}{10000} \quad \frac{5}{100000} \quad \text{&c.} \quad \begin{array}{l} \text{Índice} \\ \text{logaritmo} \end{array}$$

---

19. Taylor y Walton, Londres.

Por lo que el índice es considerado siempre *uno menos que el número de figuras* que contiene el entero.

Para encontrar el logaritmo de cualquier número
Busque el número en la columna en la que pone «Núm.» y el logaritmo se encontrará en el opuesto.

Para encontrar el número de cualquier logaritmo
Debemos buscar el logaritmo y el número se encontrará a mano izquierda.

Para encontrar el logaritmo, seno, tangente, etc.
Busque el *grado* en la parte de arriba de la página, y el *minuto* a mano izquierda; o el *grado* al final, y el *minuto* a mano derecha.

Para multiplicar por logaritmos
Regla. Añada los logaritmos del multiplicador y multiplicando, y la suma es el logaritmo del producto.

Multiplique	98	Logaritmo =	1,99123
Por	76	Logaritmo =	1,88081
Producto	7448	Logaritmo =	3,87204

Para dividir por logaritmos
Regla. *Reste el logaritmo del divisor del dividendo, y el resultado será el logarítmo del cociente.*

Divida	7448	Logaritmo =	3,87204
Por	76	Logaritmo =	1,88081
Cociente	98	Logaritmo =	1,99123

La regla de tres por logaritmos

Regla. Añada los logaritmos de los tres términos para encontrar el del cuarto.[20] Si en 712 horas, la Luna progresa 230,15 días, ¿cuánto progresará en 708,5 horas?

	712 horas	Logaritmo (comp. arit.)	 7,14752
.	230,15	Logaritmo	 2,36202
: :	708,5	Logaritmo	 2,85034
:	229,2	Logaritmo	 2,35988

Cuando el índice se exceda de 10, rechace esta cantidad.

Para resolver problemas de trigonometría esférica por medio de los logaritmos

Es igual que en el caso de la regla de tres; pero los logaritmos de los términos son los de los *senos, tangentes,* etc. El logaritmo del primer término (a menos que sea radio, en cuyo caso, siempre tomaríamos el logaritmo del seno de 90° = 10,00000) debe ser tomado de 9,99990 para hallar su *complemento aritmético,* para poder trabajar con la suma. Los dieces en el índice deben ser rechazados. Y si lo que desea es el logaritmo para cualquier número de grados superior a 90°, reste los grados proporcionados a 180°, y tome el logaritmo del resultado. Si 90° son sustraídos del *seno* dado, el logaritmo *coseno* puede ser tomado.

Notas de utilidad

		Logaritmo
360 grados en segundos ...... =	129.6000	6,11260
24 horas en segundos .... =	86.400	4,93651
Día sideral en segundos ...... =	86.164	4,93533

20. Tome el complemento aritmético del primer término.

Revolución sideral de la Tierra en la media de días solares	365,25636	2,56260
Radio ecuatorial de la Tierra en pies ingleses	209,21665	7,32060
Radio polar de la Tierra en ídem	208,52394	7,31916
Grados en latitud 52° 50´ en pies ingleses	365.000	5,56229
Ídem en el Ecuador	362.732	5,55959
Longitud (en pulgadas inglesas) del péndulo que vibra en segundos en latitud de Greenwich	39,1393	0,59261

OBSERVACIONES SOBRE LOS EFECTOS
DE LAS DIRECCIONES

Juzgaremos si una dirección es buena o mala por medio de la naturaleza del aspecto y del planeta. El alcance y carácter de sus efectos deberán ser considerados por el grado del poder angular del planeta, el signo en el que se encuentra y su carencia de aflicciones; las influencias opuestas también deben ser consideradas. No se puede establecer ningún juicio seguro a no ser que se hayan considerado *todas* las direcciones de la operación durante un plazo de seis meses, así como los tránsitos y los ingresos. Una buena dirección otorga prosperidad tanto por parte de las cosas como de las personas representadas por el planeta, así como por parte del regente de la casa en la que tenga lugar. Las malas direcciones deben ser juzgadas de esta misma forma. También deberá tener en cuenta la casa en la que se encuentre el moderador o el regente, así como la casa en la que tiene lugar la dirección una vez finalizada. Las direcciones en las natividades de los niños están relacionadas con sus padres, cuidadores, etc.

El *horóscopo* o ascendente representa todas aquellas cosas que puedan afectar a la persona, tales como las enfermedades o la salud, el nacimiento o la muerte de los hijos, etc. y también las afecciones de la mente.

Las direcciones de la *Luna* afectan tanto a la mente como al cuerpo, asimismo a las riquezas y al carácter, así como a todo cuanto concierne al reconocimiento público.

El *Sol* concierne a la salud, a los honores, a los ascensos, a los favores otorgados por personas importantes, al padre y a sus negocios.

El *M.C.* refleja los honores, el carácter, el empleo, el crédito, los negocios, etc. y también a los padres.

La *rueda de la fortuna* influye sobre los asuntos de dinero y, en cierta medida, también en los asuntos familiares.

REGLAS ESPECÍFICAS

Asc. ☌, □, ☍, etc. a ♄. Dependiendo del signo en el que se encuentre ♄, el nativo podrá sufrir enfermedades (sobre todo si el ascendente es hileg), aflicciones familiares o pesares causados por personas mayores o por asuntos de tipo saturnino, accidentes, caídas, magulladuras, etc. La mentalidad es triste y pesimista; el cuerpo sufre de enfermedades de tipo *crónico,* en especial de tos, resfriados, indisposiciones flemáticas y fiebres. Si tanto ♄ como el ascendente están situados en signos de agua, peligro a causa del agua; si están en ♍, peligro de asfixia o de sofoco. Durante esta dirección, vuelven las antiguas enfermedades.

Asc. en ✶, △, etc. con ♄. Beneficios por medio de terrenos o de propiedades, de herencias, de ocupaciones relacionadas con la agricultura, o con la construcción, etc.; legados, regalos y favores por parte de personas ancianas.

El nativo se vuelve serio y estudioso, y también muy trabajador.

Asc. ☌, en ✶, △, etc. con ♃. Por regla general suele otorgar buena salud, aunque si ♃ está afligido, puede provocar un exceso de sangrado y pleuresía, etc., sobre todo en el caso de la conjunción. Regalos, mecenazgo, nuevas amistades, hijos, ascensos y prosperidad en general.

Asc. ☐, ☍, etc. a ♃. El cuerpo siempre experimenta malestar, exceso de sangrado, peligro de pleuresía, o problemas de hígado, sobre todo si ♃ se encuentra situado en ♌ o en ♒. En los niños provoca el sarampión y si ♃ está afligido por ♂, la viruela. Pérdidas de dinero, decepciones y ofensas por hombres de la iglesia y magistrados. El nativo es descuidado y malgastador y se verá traicionado por los falsos amigos.

Asc. ☌, ☐, ☍, etc. a ♂. Las enfermedades serán de la naturaleza de ♂, así como del signo en el que se encuentre éste y también el ascendente. Tendencia a los accidentes, a los cortes, quemaduras, puñaladas, etc. El nativo sufrirá de enfermedades violentas y pocas veces se librará de las *pérdidas de sangre*. Acostumbra a ser muy osado y pendenciero, así como muy dispuesto a meterse en peleas y en peligros y a sufrir a consecuencia de ello. Si se trata de un caballero, puede verse involucrado en un duelo; si es un mecánico, en peleas; si es una mujer, en disputas con su marido, etc. Las personas con la influencia de ♂ de nacimiento, suelen volverse muy violentas y furiosas. Si ♂ se encuentra situado en un signo de tierra: el nativo amenazará o se verá amenazado por grandes maldades, asesinará o será asesinado, etc.; si está en un signo de aire: problemas de sangre, desmayos, etc; en un signo de fuego: fiebres violentas, quemaduras, puñaladas, etc.; en un signo de agua: flujo de sangre, peligro de ahogo, etc.

Asc. en ✶, △, etc. con ♂. El nativo tendrá unas ideas muy marcadas por Marte, disfrutará con todo cuanto esté relacionado con los caballos, con los asuntos de tipo militar, etc. Puede volverse colérico e impaciente, o imaginativo y diligente; puede recibir favores por parte de militares, ascensos, etc., o estudiar química, etc. Por regla general, las mujeres suelen casarse durante esta dirección o dar a luz a un niño.

Asc. ☌ al ☉. El nativo ostentará algún cargo público, o gozará de los favores de personas públicas, lo cual aumentará su reputación. Pero también cabe esperar problemas y que sufra de ansiedad. Puede padecer enfermedades en la cabeza, sobre todo en los ojos. En los signos de agua: gripe, humores, etc.

Asc. en ✶, △, etc. con el ☉. Salud corporal, paz de espíritu, nuevos e importantes amigos. Ascensos en el trabajo, credibilidad, viajes honorables, etc. Por regla general, los asuntos emprendidos por el sujeto casi siempre suelen gozar de un gran éxito. Una mujer puede esperar una propuesta de matrimonio o el nacimiento de un hijo.

Asc. □, ☍, etc. al ☉. Trastornos y enfermedades. Envidias y malos tratos por parte de alguna persona con poder, disputas, procesos legales, persecuciones, etc. Ruina, decepciones y falta de respeto hacia el nativo. Peligro de encarcelamiento o de naufragio. Problemas en los ojos, enfermedades agudas, fiebres, etc. Muerte o peligro para la vida del padre del nativo.

Asc. ☌, en ✶, △, etc. con ♀. Placer y satisfacción. El sujeto se sentirá amado por las mujeres; se casará, tendrá una niña, o su hija se casará. Comprará muebles o ropa, etc. Se sentirá muy atraído por el lujo y los placeres, sobre todo en el caso de la conjunción, y si ♀ se halla afligida, sufrirá de enfermedades por estas causas.

Asc. □, ☍, etc. a ♀. Enfermedades provocadas por empacho o por excesos. Tendencia a mostrarse salvaje, malhumorado y extravagante. El sujeto acostumbra a dejarse dominar por los vicios y a ser causa de escándalos. La mayoría de los problemas le vendrán provocados por las mujeres, vejaciones en asuntos amorosos, etc. celos y disputas conyugales.

Asc. ☌ a ☿. Inclina a los estudios, a la poesía y a las matemáticas. Consigue algún título en la universidad o entra en alguna escuela o instituto, si se trata de un joven. Señala una época muy marcada por los papeleos, las cuentas, los escritos, etc., así como por los viajes o los cambios de situación en la vida del nativo. Que los resultados sean positivos o negativos se deberá a la fuerza de ☿ en el tema natal.

Asc. en ✶, △, etc. con ☿. Posee las mismas características que la ☌; pero no puede surgir nada negativo, incluso aunque ☿ se halle afligido de nacimiento. Suele ocasionar cambios de residencia.

Asc. □, ☍, etc. a ☿. Proporciona gastos causados por asuntos o personas relacionadas con la literatura. Época muy agitada; discusiones, peleas, procesos legales, problemas con los jóvenes, etc. Puede ser arrestado o interrogado por algún error, por fraude en las cuentas, así como sufrir de difamaciones, o ser autor de algún plagio, etc. También causa enfermedades cutáneas, constipados, trastornos respiratorios, etc. Pero la mayoría de todo ello dependerá de los aspectos de ☿.

Asc. ☌ a la ☽. Pérdidas o beneficios repentinos, *cambios,* viajes, ascensos, pérdidas a causa del pueblo; muerte de la madre del nativo, etc., lo cual siempre dependerá de la fuerza de la ☽ dentro del tema natal. A los hombres los incita al matrimonio y, en general, suele inclinar a los viajes por mar. Provoca enfermedades de tipo *lunar,* especialmente si el ascendente es el hileg.

Asc. en ✶, △, etc. con la ☽. Satisfacción tanto mental como corporal, gran actividad en los negocios y en el trabajo; posibilidad de un traslado o de un viaje por mar. Otorga beneficios por medio de las mujeres, nuevas amistades femeninas; matrimonio o nacimiento de una hija, estimación pública y prosperidad.

Asc. ☐, ☍, etc. a la ☽. Disputas y controversias, en particular con las mujeres o con personas vulgares; desgracias a causa del mar, pérdida de empleo, enfrentamientos públicos y enemigos declarados. También inclina a las enfermedades de tipo lunar, tales como humores, cánceres, etc. Suele provocar una acusada tendencia a la glotonería y a la intemperancia, así como a los malestares característicos del signo ocupado por la ☽ en el momento del nacimiento.

Medio cielo ☌, ☐, ☍, etc. a ♄. El nativo experimentará la cólera de los magistrados o de sus jefes, etc.; pérdida de empleo y de negocios; sufrirá de grandes desgracias, muerte de los padres, ruina, etc. Tendrá tendencia a actuar de forma poco honesta, al igual que sus sirvientes. Habrá conspiraciones en su contra, tendrá muchos enemigos ocultos, etc., acusaciones, robos. Si se trata de un rey, indica tumultos y motines en su contra, ruptura de tratados, etc. Estos aspectos siempre suelen rebajar el rango o la posición del nativo. Sus padres asimismo sufrirán a causa de la muerte o del infortunio.

Medio cielo ☌ a ♃. Ascensos, empleos y numerosos beneficios gracias a los favores de alguna persona de alto rango. Afectará a la vida de la persona de acuerdo con su propia situación. La reina Victoria subió al trono durante esta dirección. Normalmente suele aumentar las riquezas, pero también dependerá de cómo esté aspectado el M.C. En la natividad de una mujer casada, beneficiará a su marido; en la natividad de un niño, a sus padres.

Medio cielo en ✶, △, etc. con ♃. Actúa igual que la ☌, aunque, generalmente, con algo menos de poder. El △ de ♃ acercándose a la cúspide de la 2ª casa aumentará considerablemente las riquezas.

Medio cielo ☐, ☍, etc. a ♃. Problemas provocados por la ley o por los jueces y magistrados, el clero, etc.; pérdidas en los negocios y en el comercio; acusaciones, etc., contra el nativo, que pocas veces prevalecen. El sujeto sufrirá a causa de personas relacionadas con la religión. Si se trata de un rey, provocará grandes luchas a causa de la ley, de los privilegios, etc., disputas con la nobleza...

Medio cielo ☌, ☐, ☍, etc. a ♂. Grandes desgracias, tanto con respecto a la vida como a la fortuna. La ira de los hombres poderosos parece cebarse en el nativo. Sufrirá daños e injurias de varias clases, encarcelamiento, desgracias, pérdidas a causa del fuego o de los robos, etc. Si se trata de un rey, indicará guerras, conducta violenta y derramamiento de sangre, etc. Si se trata de un soldado, lo dotará de una gran autoridad militar, pero con una gran tendencia hacia el peligro. Con frecuencia será víctima de una muerte violenta, si el tema natal así lo predice. Esta dirección suele causar la muerte o la aflicción de los padres, etc.

Medio cielo en ✶, △, etc. con ♂. El nativo se inclinará por las acciones de tipo militar: esgrima, tiro al blanco, equitación, etc. y es posible que ingrese en el ejército o sea ascendido. Para los comerciantes indica buenos negocios; para los reyes, guerra o aumento del ejército. La insurrección de Canadá tuvo lugar exactamente cuando el M.C. entró en ✶ con ♂ en el zodíaco de la natividad de la reina Victoria.

Medio cielo ♂ al ☉. Éste le proporciona una gran dignidad y honor al nativo; hace que ostente algún cargo público en el que deba utilizar sus dotes de mando o de control. Otorga fama y reputación, y también beneficia a los padres del nativo. Lord Brougham se convirtió en lord Chancellor y empezó a frecuentar a la realeza durante esta dirección.

Medio cielo en ✶, △, etc. con el ☉. Ascensos, éxito, regalos, honores, etc. a través de personas que ostentan algún cargo o poder.[21] Aumenta la autoestima del sujeto y asienta las bases de su futuro, mejorando sus posibilidades. En el tema de una mujer, refleja matrimonio y, si ya está casada, el nacimiento de un hijo. Si se trata de un rey, le aportará la victoria, la paz y la popularidad.

Medio cielo □, ☍, etc. al ☉. Suele provocar desgracias repentinas y pérdidas de empleo o de posición, etc. Puede ser causa de juicio, de encarcelamiento, etc. A un comerciante o similar puede provocarle pérdidas, así como la ruina total. Afecta a los padres, con frecuencia por medio del fuego o de calamidades de tipo público. Si se trata de un rey, le provocará pérdida de popularidad y sufrirá grandes maldades y sinsabores a causa de la nación.

---

21. El duque de Wellington recibió su ducado durante una □ M.C. – ☉.

Medio cielo ♂, en ✶, △, etc. con ♀. Alegría, risas y placeres, etc. para el nativo, el cual empezará a frecuentar a las mujeres, se enamorará y, probablemente, se casará (si está en edad de hacerlo). También puede indicar el nacimiento de un hijo o el matrimonio de éste cuando tenga la edad. Prosperidad dentro de la familia, nuevas amistades femeninas, beneficios por parte de las mujeres y éxito en general; posibilidad de cambio de casa, de compra de muebles, etc.

Medio cielo □, ☍ etc. a ♀. Escándalos y desgracias a causa de las mujeres; galanteos poco afortunados, celos; controversias y engaños provocados por mujeres. Denota pérdida de posición y despilfarro de las propiedades; también puede provocar una separación, etc. de la mujer y, en algunas ocasiones, la desgracia o la muerte de la esposa, la madre, una hermana, etc. Si tiene lugar el matrimonio, éste será precipitado y desgraciado. Si se trata de un rey, denotará escándalos con las amantes, etc.

Medio cielo ♂, en ✶, △, etc. con ☿. Ascensos y crédito por medio del aprendizaje o de las producciones literarias. El nativo realizará muchos negocios en particular con contables, abogados, vendedores de libros, comerciantes, etc.; también se le dará muy bien hablar en público o el estudio de lenguas extranjeras, etc. Los adolescentes salen a recorrer el mundo, mientras que los jóvenes adquieren el reconocimiento y se asientan en sus profesiones, etc. Proporciona nuevos empleos, viajes, beneficios a través de los escritos, etc. Pero si ☿ se muestra débil o se halla afligido dentro del tema, la conjunción puede provocar escándalos, plagios e informaciones que perjudiquen al nativo.

Medio cielo ♂ a la ☽. Según Lilly, éste «pronostica una época muy movida, poco tranquila y llena de acción, tanto a nivel físico como mental; momentos problemáticos y complicados, las cosas tanto pueden irle bien como de repente irle mal; y, de cara a la profesión, tanto puede tener mucho trabajo y ganar mucho dinero, como tener muy poco y perderlo todo. Todo depende de la fuerza de la ☽ en el momento del nacimiento. Si es fuerte, beneficiará al nativo proporcionándole una ocupación de cara al público, transacciones, comercio, etc.; también traslados y viajes por mar, sobre todo si la ☽ está en un signo de agua. En una natividad masculina, pronostica matrimonio o relaciones y beneficios por medio de las mujeres.

Medio cielo en ✶, △, etc. con la ☽. Aumento de la fortuna, de la fama y de la estima, en particular entre la gente; obsequios y beneficios por parte de las damas. Prosperidad en el negocio o en el trabajo del nativo. Un largo viaje por mar, etc. y, en algunas ocasiones, podrá ostentar algún cargo público, de acuerdo con el rango del nativo. Muchos cambios y prosperidad en general. En el tema de un varón, augura matrimonio. Nacimiento de hijos, de niños o de niñas, dependiendo de cómo esté aspectada la ☽. Mejoras en la familia, etc.

Medio cielo □, ☍, etc. a la ☽. Descrédito de cara al público en general, pérdida del trabajo y de la reputación; despilfarro y pérdida de las propiedades por culpa de mujeres perversas o de clase baja; peligro para la esposa, la madre, la hija, etc. Disputas dentro del ámbito familiar, separaciones, etc. Castigo impuesto por la ley, sentencia dictaminada por un juez, etc. por ofensas. Que las cosas vayan mejor o peor dependerá de los aspectos de la ☽ y del signo en el que se encuentre situada; los signos fijos hacen que todo dure más.

El ☉ ♂, □, ☍, etc. a ♄. Si el ☉ es el hileg, peligro de padecer una grave y fatal enfermedad. Constitución débil, resfriados, enfermedades de tipo crónico, en particular en la cabeza, el corazón, la espalda y el estómago, así como en otras partes del cuerpo, dependiendo del signo ocupado por ♄ en el momento del nacimiento; los ojos también suelen ser muy propensos a sufrir algún trastorno. Peligro de caerse desde un edificio, de morir aplastado, etc. El padre del nativo también sufrirá mucho y correrá el riesgo de morirse. Los problemas vendrán provocados por personas con características saturninas, en particular por aquellas que ostentan algún cargo de poder, pertenecen a la nobleza o son terratenientes, etc. Peligros en los viajes, pérdidas provocadas por tormentas, naufragios, etc. Separación de los padres del nativo, destrucción de su fama y credibilidad, pérdida de negocios y de reputación, etc. El sujeto puede ser robado o engañado por sus sirvientes, inquilinos, etc. Tendrá pensamientos muy tristes, sufrirá muchas vejaciones y podrá llegar a sentir inclinación al suicidio. La malicia y las envidias perjudicarán al nativo. Si tiene lugar un eclipse durante la ♂, sus efectos serán muy violentos y normalmente de naturaleza pública. Si concierne a un rey, indicará derrota, etc.

El ☉ en ✶, △, etc. con ♄. Señal de aprecio por parte de personas con poder o de algún anciano caballero, etc. El nativo goza de privilegios y sabe cómo dirigir sus asuntos con prosperidad, recibiendo honores, regalos, herencias, etc. Inclina a la severidad y a la laboriosidad, así como a trabajos y a estudios en los que se tenga que prestar mucha atención. Aporta riquezas a través de la agricultura, de la arquitectura o de alguna herencia. El nativo tiene éxito con las personas de más edad y en todos los asuntos que emprenda bajo la influencia de Saturno.[22]

El ☉ ☌, en ⚹, △, etc. con ♃. Salud física y paz de espíritu; aumento de las riquezas y disfrute de la fortuna; ascensos, oficio o empleo caracterizado por la dignidad y dependiendo de la situación en la vida del nativo. Ascensos en la iglesia, beneficios por medio de abogados, magistrados, comerciantes, etc. Si se trata de un rey, indica paz y tranquilidad, comercio floreciente, aunque el clero se aprovecha del poder, etc. El nativo puede ser padre de un hijo o disfrutar de un ascenso, etc.

El ☉ □, ☍, etc. a ♃. El nativo sufrirá a causa de los abogados, de los magistrados, del clero y de los profesores de religión, quienes le causarán muchos gastos, aunque normalmente acostumbrará a superar las situaciones y a recuperarlo todo. Si se trata de un rey, indicará que tanto la nobleza como el clero del país se muestran descontentos, infracción de las leyes y privilegios para la realeza, problemas en el comercio, perjuicio a los banqueros, etc.

El ☉ ☌, □, ☍, etc a ♂. Enfermedades agudas, fiebres, accidentes causados por el fuego, el hierro, o el agua hirviendo, etc., así como por las mordeduras de perro, las coces de caballo, etc., dependiendo del signo ocupado por ♂. En una natividad bélica, la ☌ otorga ascensos. En los signos de agua, estas direcciones denotan flujos y, en todos los casos, alguna pérdida de sangre. El nativo suele ser muy brusco y violento y jamás actúa con prudencia; por ello deberá evitar las disputas con sus superiores, pues podría perder su puesto, así como evitar cualquier nuevo trabajo, ya que no tendrá éxito en él. Deberá huir de las

---

22. Para ello, consulte la pág. 37 de la *Introducción de Lilly*.

peleas y de la compañía de soldados, en particular si el ☉ es el hileg; también deberá cuidarse de las fiebres, de las inflamaciones y de la vida agitada.

El ☉ en ✶, △, etc. con ♂. Aporta amigos militares y ascensos, etc. Inclina al nativo al tiro al blanco, a la caza, a la equitación, etc. mucho más que en otros casos. Los soldados actúan con valentía y consiguen promoverse. Indica viajes, así como muchos traslados de un lugar a otro.

El ☉ ☌, en ✶, △, etc. con ♀. Provoca gran deseo por la música, por los juegos y las diversiones, así como por todo tipo de placeres en general. Al nativo le encanta el amor y gastarse su dinero con las mujeres. Si ♀ está débil dentro del tema, la ☌ causará afecciones poco honorables. En el resto de los casos, el cuerpo gozará de buena salud y la mente será muy viva y despierta; el nativo tendrá éxito en todo cuanto emprenda, aumentará sus riquezas, se casará, tendrá hijos y será muy respetado. En las natividades femeninas indica matrimonio.

El ☉ □, ☍, etc. a ♀. Época muy poco fructífera, sin salida. La conducta del nativo es impura y sus acciones sórdidas. Incurre en el descrédito y en el escándalo. Si el ☉ es el hileg, sufrirá de las enfermedades típicas de ♀, de acuerdo con el signo ocupado por ésta en el momento del nacimiento. Diferencias con las mujeres; el sujeto será rechazado en matrimonio. Y, en caso de casarse, disputas con su esposa, desavenencias con su hija, etc.

El ☉ ☌, ✶, △, etc. con ☿. Muchos negocios y una gran inclinación hacia el mundo de la literatura. Ganancias a través de la literatura, del comercio de los libros, de los nuevos empleos, etc. Persona dedicada a las cuentas y a los escritos. Conseguirá la fama por este medio o por algún invento, en el caso de que ☿ se muestre fuerte en el tema. Favorece los deseos de viajar y aporta beneficios a través de la gente joven. La ♂ provoca controversias y disputas, procesos legales, etc. o perjuicios a causa de falsos testimonios o de mentiras con respecto al nativo; y si el ☉ es el hileg, enfermedades muy serias, heridas, etc. según esté aspectado ☿. Normalmente, el sujeto suele ser muy variable en sus gustos y muy inestable en sus estudios.

El ☉ ☐, ☍, etc. a ☿. Acusaciones y procesos legales en contra del nativo, quien quizá pueda ser culpable de algún fraude o engaño y ser muy desgraciado por ello. Sufrirá a causa de las falsificaciones, de los fraudes, de los impagos, etc., así como por los viajes infructuosos. Se sentirá muy preocupado a causa de los abogados y de las personas jóvenes. Su mente se verá afligida y perderá su empleo, etc., probablemente por culpa de una corte judicial que vaya en su contra. Los jóvenes abandonarán sus empleos, sus estudios, etc. Proporciona cierta aversión hacia los estudios y el aprendizaje, y el nativo a menudo suele ser difamado injustamente. Su salud sufrirá dependiendo del signo ocupado por ☿, así como de los planetas que lo aspecten.

El ☉ ♂ a la ☽. Ello perjudica la salud, provoca humores, etc. en el cuerpo, dolores de cabeza, debilidad en los ojos, ceguera, etc. El nativo será muy indeciso, viajará y se trasladará sin cesar, malgastando todo su capital en fruslerías y en imprevistos. Si la ☽ está fuerte dentro del tema, otorga ascensos y puede augurar matrimonio; pero la esposa será muy orgullosa y autoritaria y luchará por conseguir todo el poder.

El ☉ en ✶, △, etc. con la ☽. Favores y amistad por parte de personas poderosas, mujeres adineradas, etc. que le ofrecen un empleo al nativo o lo benefician por medio de ascensos, etc. Facilita los viajes provechosos y honorables, así como los empleos públicos. El sujeto estará muy ocupado con las mujeres y, si la ☽ está fuerte dentro del tema, probablemente se casará con una muy rica. Esta dirección aumenta el número de amistades y puede favorecer el nacimiento de un hijo, o el asentamiento de éste en la vida para satisfacción del nativo.

El ☉ □, ☍, etc. a la ☽. Una época bastante desgraciada, caracterizada por las pérdidas y las estafas; muchos hombres poderosos son predispuestos en contra del nativo. Discutirá mucho con su esposa y es posible que llegue a separarse de ella; disputas en el hogar familiar. Sus padres pueden separarse, sus hijos pueden morir o actuar de forma inoportuna. El nativo vive de forma violenta y frecuenta malas compañías, con prostitutas, etc. y posee una salud muy débil. Si la ☽ es el hileg, sufrirá graves enfermedades, de acuerdo con el signo en el que se encuentre situado el ☉. Produce fiebres, escozor en los ojos y ceguera, sarampión, varicela, lombrices, etc. Debilita la credibilidad y el carácter del nativo y lo convierte en alguien realmente muy poco popular.

La ☽ ☌, □, ☍, etc. a ♄. Catarros de tipo crónico, así como enfermedades causadas por la humedad, tendencia a los humores y en general una salud bastante débil. Si la ☽ es el hileg, provocará escalofríos y fiebres, parálisis, toses, gripe, gota y apoplejías; todas ellas enfermedades de tipo *crónico*, de acuerdo con la naturaleza de ♄ y del signo ocupado por éste. Estas direcciones provocan trastornos mentales y aflicciones, miedos y ansiedades; también pérdidas de propiedades y calumnias por parte de personas de clase baja y de la plebe. El nativo se peleará con sus relaciones femeninas; experimentará pérdidas a causa del mar o de los hombres relacionados con el mar; sufrirá la bancarrota o se convertirá en insolvente, etc. Esta dirección provoca la muerte de la esposa, o de los hijos, la madre, etc.

La ☽ en ✶, △, etc. con ♄. Regalos y recompensas por parte de personas ancianas, en especial mujeres. Respeto por parte de las clases más bajas, popularidad entre la gente del pueblo, etc.; amistad con personas de tipo saturnino; beneficios gracias a los trabajos típicos de Saturno como, por ejemplo, de dirección, con la lana, la construcción, la agricultura, etc., así como a través de las herencias.

La ☽ conjunta, en ✶, △, etc. con ♃. Salud, honores y riquezas tienen lugar de acuerdo con la situación en la vida del nativo. Prosperidad y éxito en los viajes y en las especulaciones; injurias a sus enemigos. Oficio, empleo, mando, nuevos negocios, etc. Promoción de tipo universitario o ascenso de tipo legal, etc. Muchos amigos. En el caso de un rey, ingresos florecientes, paz y prosperidad.

La ☽ ☐, ☍, etc. a ♃. Dificultades a la hora de conservar un empleo; preocupaciones causadas por abogados, magistrados, religiosos, etc., pérdidas de propiedades por culpa del despilfarro y de las extravagancias. Sin embargo, gracias a sus propias virtudes y a sus esfuerzos, será capaz de superar cualquier intento de perjudicarlo que puedan acometer los demás en su contra, y aquellos que eran sus enemigos se convertirán en sus amigos. Es posible que llegue a discutir con el dueño de sus tierras, con algún abogado de poca importancia o con algún eclesiástico sobre asuntos de la iglesia, aunque siempre sin malicia. La sangre se espesa y provoca enfermedades en el hígado, etc.

La ☽ ☌, □, ☍, etc. a ♂. Exceso de penalidades, de accidentes y de desgracias. Encarcelamiento, pérdida de propiedades, robos, despilfarro por parte de la esposa, etc. Enemigos declarados que se volverán en contra del nativo, el cual sufrirá extrañas ansiedades. Las enfermedades y los accidentes que pueda padecer estarán relacionados con el signo ocupado por ♂. Si la ☽ es el hileg, podrá estar en peligro de muerte a causa del fuego, los cortes, las heridas, las picaduras, las mordeduras, las coces, los disparos, etc., y si ♀ le envía un mal aspecto, por culpa del veneno o de alguna mujer. Se trata de una persona colérica y pendenciera, muy dada a llevar armas y a asociarse con personas con gustos militares; el sujeto se volverá adicto a los vicios de acuerdo con el signo ocupado por ♂; si está en la casa de ♄, será obstinado; si está en la de ♃, hipócrita; en la del ☉: orgulloso y altanero; en su propia casa, muy pendenciero; en la de ♀: licencioso; en la de ☿: fraudulento; en la de la ☽, inestable, etc. Si ♂ está aspectado por ♄ o por el ☉ y se encuentra en el signo de ♌, sobre todo cerca del «*Asselli*», podrá morir a causa de la peste o del fuego. Se verá insultado y desdeñado por las mujeres. Si tiene una buena esposa, es probable que ella fallezca. Suele causar heridas en la cara o en los ojos, así como viruela, piedras, arenilla, gonorrea, etc. Si el nativo contrae matrimonio bajo esta ☌, será muy desgraciado. Si se trata de un rey, guerras y sangre, pérdidas, etc.

La ☽ en ✶, △, etc. con ♂. Proporciona gustos militares, así como el deseo de practicar ejercicios muy masculinos tales como la equitación, el tiro al blanco, etc. y al nativo le encantarán los caballos, frecuentar la compañía de militares, los asuntos relacionados con la guerra, etc.

Ascensos y beneficios, nacimiento de un hijo o, si está soltero, podría casarse. Aunque puede esperar pérdidas a causa de las mujeres o de las apuestas en los caballos, a no ser que ♂ esté muy bien aspectado. Si ♂ se muestra débil, y el tema así lo indica, el sujeto se sentirá inclinado a la bebida, al juego y a la mala vida. Si se trata de un rey, indicará un aumento del ejército, y si está en guerra, grandes batallas, victorias, etc.

La ☽ ☌ al ☉. Causa fiebres y afecciones en los ojos, etc. y si la ☽ es el hileg, incluso puede provocar la muerte. Muchos problemas mentales y muchos cambios en la vida del sujeto, tanto en sus esperanzas como en sus negocios, etc. En algunos casos suele indicar matrimonio. Para los comerciantes, buenos negocios, aunque puedan sufrir alguna que otra calumnia. Normalmente suele provocar un gran cambio en la vida y en los asuntos del nativo; si el ☉ ocupa una posición fuerte y afortunada dentro del tema, los cambios serán beneficiosos pero, de no ser así, todo lo contrario.

La ☽ en ✶, △, etc. con el ☉. Amistades honorables y beneficiosas, en particular entre las mujeres de la clase alta; el nativo se volverá muy popular y disfrutará de un buen empleo. Viajes por mar, sobre todo si el aspecto cae en casa IX y en un signo de agua; grandes ganancias a través de estos medios. Mientras dure esta influencia, el nativo deberá esforzarse para conseguir el éxito en la vida. Se sentirá muy inclinado a contraer matrimonio y, si lo hace, éste será muy próspero y podrá esperar un hijo, a no ser que el ☉ se encuentre afligido. A los comerciantes, etc. les proporciona buenos negocios. En el caso de un rey, renovación de asociaciones, victoria, paz honorable, etc.

La ☽ □, ☍, etc. al ☉. Gran peligro y aflicción tanto de cuerpo como de mente. Convierte el amor de alguna mujer en odio. Provoca injurias por tumultos populares, etc. y la falsa amistad de algún hombre de rango, por cuya causa el nativo sufrirá. Si el aspecto tiene lugar cerca de una estrella nebulosa, habrá peligro de accidente o de enfermedad en los ojos. Produce fiebre, tos, cólicos, flujos, etc. «de acuerdo con la naturaleza del signo y de la casa en la que se encuentran el significador y el prometedor», afirma Lilly. Si se trata de un noble, reflejará el desprecio popular; si es un granjero, un terrateniente malvado que lo engaña; si es un pobre hombre, peligro de ser pisoteado, etc. Provoca discusiones, disputas y opresión por parte de los hombres de poder, y se trata de un mal momento para las especulaciones. Por regla general, suele durar unos cinco o seis meses.

La ☽ ☌, en ⚹, △, etc. con ♀. Por regla general suele tratarse de un período muy agradable y feliz. El nativo tiende a mostrarse alegre y jovial, a disfrutar de las diversiones, de los placeres, etc., los cuales serán sanos y legítimos, o bien todo lo contrario, dependiendo de que ♀ esté bien o mal aspectada. Recibirá muchos regalos y favores por parte de las mujeres; el nativo se sentirá muy atraído por el amor y el matrimonio y también libre de toda preocupación. En el caso del hombre casado, puede indicar el nacimiento de hijos, en particular de niñas, y también el matrimonio y el asentamiento de sus hijos. Para los comerciantes es sinónimo de éxito; para los granjeros, beneficios por medio de los asuntos típicos de ♀, es decir, ganado menor, avicultura, etc. Normalmente suele indicar un feliz matrimonio, hijos obedientes, felicidad doméstica y prosperidad por medio de las mujeres. Si se trata de un rey, paz y nuevos aliados, etc.

La ☽ ☐, ☍, etc. a ♀. Muchos problemas a causa de unas inestables aventuras amorosas, de unos amores ilícitos, etc.; infamia y escándalos a causa de ello. Estafas y controversias producidas por mujeres. Gasto de los ahorros por despilfarro y falta de previsión. Si el nativo contrae matrimonio durante estas direcciones, será muy infeliz y lo hará con una persona que no lo quiere, muy desobediente y poco afectuosa. Provoca las enfermedades típicas de ♀ y, en los niños, si Venus se encuentra en un signo de agua y está afligida, paperas, viruela, etc; en las mujeres, reglas abundantes e irregulares, problemas en la matriz, etc.

La ☽ ☌ a ☿. Esta dirección proporciona traslados y viajes, estos últimos si ☿ está situado en Cáncer. En algunas ocasiones, compromete al nativo en causas y en controversias; le proporciona una vida muy activa, aportándole una gran energía y muchas ganas de estudiar, escribir, hablar en público, etc. En el caso de un comerciante, le proporcionará grandes negocios y muchos viajes, etc.; a un agente de ventas, muchas cuentas.[23] Si se trata de un rey, noticias procedentes del extranjero, grandes esfuerzos por parte de sus aliados; envía embajadores, etc.

La ☽ en ✶, △ etc. con ☿. Rapidez y éxito en el trabajo. Al sujeto le encanta leer, escribir y llevar cuentas, hacer

---

23. Todo depende de cómo se encuentre aspectado ☿, pues si está afligido proporciona problemas a causa de fraudes, robos, etc., así como enfermedades y accidentes, dependiendo siempre del signo en el que se encuentre.

números, etc. Favorece el gusto por la música y por la mecánica, propensión a viajar y a realizar múltiples cambios de residencia. El nativo gozará de la amistad de una dama de la clase alta, etc., o podrá obtener un empleo relacionado con la literatura, como mensajero, viajante, embajador, etc. Disfrutará con sus hijos y puede que le nazca un hijo, o que se le case, o se convierta en aprendiz, etc. Tendrá éxito con la ley o con la gente joven.

La ☾ □, ☍, etc. a ☿. Gran aversión hacia los estudios. Es desaprobado por el vulgo, sufre por los tumultos populares, etc., es cuestionado por algún fraude o falsificación, puede ser encarcelado, desterrado, sentenciado a muerte, etc. dependiendo de cómo esté aspectado ☿ en el momento del nacimiento. Muchos escándalos, calumnias, cargos falsos y fraudulentos por medio de las artimañas de los astutos procuradores del nativo. Injurias a causa de la ley o de los abogados, ladrones, etc. Estará preocupado por sus hijos, que serán desgraciados e insolentes; y por los jóvenes en general. Es posible que pueda perder a un hijo. A veces, existe el peligro de delirio o de locura.

El ☉ hacia su propio semisextil o ✶ provoca paz y felicidad, beneficios y renovación, etc., sobre todo el ✶, pero debe caer en una buena casa. Hacia su propio paralelo, ascensos, etc.

El ☉ hacia su propia semicuadratura o □. Exceso de penalidades y de miserias y muchas enfermedades relacionadas con el signo ocupado por el ☉, así como en el que tiene lugar el aspecto. La cuadratura produce un deseo de disolverse que le permita descansar.

La ☾ hacia su propio semisextil o ✶. Cambios en la vida, viajes, etc. Amistades femeninas y beneficios a través de las mujeres, etc. Hacia su propio paralelo, cambios.

La ☽ hacia su propia semicuadratura o □. Trastornos, pérdidas, cambios y la enemistad de las mujeres y de la gente del pueblo.

La rueda de la fortuna
La ⊕ ☌, □, ☍, etc. a ♄. Destrucción de la posición a causa de los ladrones, del juego o de personas de naturaleza saturnina; algunas veces apenas resulta perceptible.
La ⊕ en ⚹, △, etc. con ♄. Incremento de las propiedades por medio de personas ancianas, de herencias, etc., o gracias a la construcción, a la agricultura, al ganado, o a los asuntos relacionados con el mar, etc.
La ⊕ ☌, en ⚹, △, etc. con ♃. Regalos, recompensas, mecenazgo, personas joviales, éxito en los negocios, en el trabajo, etc.
La ⊕ □, ☍, etc. a ♃. Pérdidas provocadas por caballeros o por hombres de la iglesia, procesos legales, etc. Pérdida de ingresos o de negocios, decepciones económicas. Si se trata de un rey, disputas sobre tasas, juicios, etc. Esta dirección tuvo lugar con la reina Victoria cuando los Comunes pretendieron recortar 20.000 libras al año de su marido; el jefe de justicia de la reina logró que los jueces fuesen encarcelados.
La ⊕ en ⚹, △, etc. con ♂. Riqueza procedente de personas con algún cargo de tipo militar, o por la compra de armas, de caballos, etc., así como por medio del tráfico de ganado o de los viajes por mar.
La ⊕ □, ☍, etc. a ♂. Pérdidas causadas por ladrones, sirvientes, soldados... pérdida de la casa, etc. Persona sin rumbo, muy propensa a las disputas, a los pleitos, etc.
La ⊕ ☌ al ☉. Desembolsos honorables; el nativo es más liberal que anticuado; gasto de los ingresos y prodigalidad.

La ⊕ en ✶, △, etc. al ☉. Beneficios y ventajas gracias a personas de rango elevado; el nativo tendrá muchos amigos con más rango que él; beneficios, pero también gastos y no demasiados ahorros.

La ⊕ □, ☍ al ☉. Perjuicios a causa de procesos legales, pérdida de propiedades provocada por personas importantes, acusaciones falsas y escandalosas, pérdida de empleo, etc.

La ⊕ ♂, en ✶, en △ con ♀. Grandes regalos y beneficios procedentes de mujeres de alta alcurnia; libertad de gastos en adornos, prendas de vestir, etc. Los comerciantes ganan dinero con gran rapidez.

La ⊕ □, ☍ a ♀. Gastos provocados por las mujeres, los asuntos amorosos, los celos, etc. Grandes pérdidas de las propiedades por culpa de las locuras y de las extravagancias del nativo.

La ⊕ ♂, en ✶, △ con ☿. Ganancias por negocios, contratos, cuentas, aprendizaje de las leyes, etc. También por medio de estudios universitarios, de inventos, de escritos, etc. y asimismo por sus propios esfuerzos y negocios. El sujeto además podrá obtener ganancias gracias a alguna herencia, a algún traslado, viaje por mar.

La ⊕ □, ☍, etc. a ☿. El nativo es engañado por sus contables, por sus abogados, por personas del mundo literario, por los jóvenes, etc. Pérdidas causadas por conceptos demasiado ingeniosos, falsos testimonios, etc. Su credibilidad es cuestionable y puede actuar impulsivamente; también puede ser demandado por la justicia o perder a causa de sus hijos.

La ⊕ ♂, en ✶, △, etc. con la ☽. Amistades y ganancias por medio de las mujeres; el nativo trabajará mucho con y por la plebe, gracias a la cual obtendrá grandes beneficios. Puede emprender largos viajes y tener muchos empleos.

La ⊕ □, ☍, etc. a la ☾. Pérdidas por negocios, por contratos; por comerciar con personas de baja alcurnia, por culpa de los viajes por mar o de los marineros, etc. Odios y pérdidas a causa de alguna mujer respetable; muchos procesos judiciales, deudas importantes, etc.

N. B. Las direcciones hacia ♅ poseen un efecto similar a las de una combinación de ☿ y ♄; pero los acontecimientos tienen lugar de forma repentina o inesperada. Las direcciones del ☉ o de la ☾ hacia ♅ causan la muerte de parientes,[24] así como una extraña conducta y grandes problemas con la prensa y los cargos públicos. El ⚹ o el △ proporcionan beneficios inesperados. El hileg afligido por las direcciones hacia ♅ provoca peligros repentinos y accidentes poco usuales.

Observación final

El estudiante no debe olvidarse de que, normalmente, las direcciones *primarias* nos muestran la naturaleza *general* del acontecimiento, mientras que las direcciones secundarias nos muestran su carácter en *especial,* dependiendo del planeta que esté situado en un ángulo o en una casa en particular del tema natal. Y los efectos sobre la salud podrán comprobarse a través de la «Tabla de enfermedades representadas por los planetas situados en los diferentes signos del zodíaco», para lo cual deberá consultar, *antes,* la página 180 de la *Introducción* de W. Lilly.

---

24. El ☉ en par. zod. a ♅ en la natividad de la reina Victoria, en septiembre, provocó la muerte de su tía, la princesa Augusta, tal y como estaba predicho o (pág. 45 de mi Almanaque, 1840).

El estudiante deberá comprender que, cuando una dirección amenaza con alguna enfermedad, el planeta implicado proporcionará los trastornos típicos, anteriormente mencionados, siempre de acuerdo con el signo en el que éste se encuentre situado.

Índice

Abreviaciones 7
Dedicatoria 9
Prólogo a la segunda edición 11
Introducción 13

Libro I

El alfabeto 21
Los signos del zodíaco 22
La naturaleza de los planetas 28
Sobre los aspectos 37
Las características de los aspectos 39
Sobre la carta del cielo 43
Sobre las doce casas del cielo 44
Cómo levantar una carta del cielo
    en el momento del nacimiento 46
Cómo encontrar las latitudes, declinaciones...
    de los planetas 54
Cómo juzgar el destino por medio de la carta del cielo
    levantada en el momento del nacimiento 61
Cómo juzgar el efecto de las direcciones 83

Sobre los aspectos mundanos y las direcciones 88
Sobre los paralelos mundanos 92
Sobre la rueda de la fortuna 93
Sobre el hileg y los puntos hilegíacos 95

Libro II

Direcciones zodiacales 99
Cómo dirigir al Sol hacia cualquier aspecto del zodíaco,
   exceptuando a un paralelo 103
Cómo dirigir al Sol hacia un paralelo en el zodíaco 106
Cómo dirigir a la Luna hacia cualquier aspecto
   en el zodíaco, exceptuando a un paralelo 107
Cómo dirigir a la Luna hacia los paralelos
   de declinación 110
Cómo dirigir al ascendente hacia los
   aspectos del zodíaco 111
Cómo dirigir a medio cielo hacia los aspectos del zodíaco . 112
Sobre las direcciones mundanas hacia los ángulos,
   es decir, hacia el ascendente o el medio cielo 113
Aspectos inferiores 114
Cómo dirigir al ascendente en la astrología mundana ... 116
Cómo dirigir al Sol o a la Luna hacia cualquier
   aspecto mundano (exceptuando los paralelos)
   por movimiento recíproco 118
Cómo dirigir al Sol o a la Luna hacia cualquier
   aspecto mundano (exceptuando los paralelos)
   por movimiento directo 120
Cómo dirigir al Sol o a la Luna hacia
   paralelos mundanos recíprocos 122
Cómo dirigir al Sol o a la Luna hacia
   paralelos mundanos por dirección directa 123
Cómo dirigir al Sol o a la Luna hacia
   paralelos profundos 123
Sobre las direcciones hacia la rueda de la fortuna
   en la astrología mundana 127

Cómo convertir el arco de dirección en tiempo para
saber a qué edad se dejarán sentir los efectos 128
Sobre las direcciones secundarias 130
Sobre las revoluciones, lunaciones, tránsitos... 131
Cómo rectificar el momento estimado del nacimiento
con el fin de encontrar el momento exacto 137
Cómo juzgar el matrimonio en la natividad
de la hija de lord Byron 143
Direcciones en la natividad de la hija de lord Byron 146
Glosario de términos astrológicos
aplicables a las natividades 150
Apéndice 168